学前教育专业国家级一流本科专业建设成果

小学教育专业河北省一流本科专业建设成果

石家庄市基础教育改革与发展研究中心研究成果

石家庄市特殊教育资源中心研究成果

应用型本科高校教师教育专业实践育人体系建构与实践探索

苗培周　郭柯馨　柴育青　吴宝瑞　辛雅静　著

东北师范大学出版社

·长　春·

图书在版编目（CIP）数据

应用型本科高校教师教育专业实践育人体系建构与实践探索/苗培周等著. --长春：东北师范大学出版社，2025.6. -- ISBN 978-7-5771-2011-9

Ⅰ.①G469.2

中国国家版本馆 CIP 数据核字第 2025TW5558 号

□责任编辑：肖　丹　□封面设计：寒　露
□责任校对：张　兵　□责任印制：侯建军

东北师范大学出版社出版发行
长春净月经济开发区金宝街 118 号（邮政编码：130117）
电话：0431—85690289
网址：http：//www.nenup.com
东北师范大学音像出版社制版
定州启航印刷有限公司印装
定州经济开发区大奇连体品小区永康大街东侧
2025 年 6 月第 1 版　2025 年 6 月第 1 次印刷
幅面尺寸：170mm×240mm　印张：13.75　字数：233 千

定价：88.00 元

前　言

　　随着高等教育大众化进程的不断推进，高等教育质量问题日益受到全社会的高度关注。在这一背景下，实践教学的育人价值得到了彰显。学术界围绕实践育人的基本内涵、价值理念、历史发展、模式体系、存在问题、应对策略等展开了较为深入的研究，高校实践育人模式也取得了明显的进展。政府发布系列政策文件，明确提出"强化实践育人"，加强高校人才培养模式改革，提高人才培养质量。2012 年，教育部等部门出台了《关于进一步加强高校实践育人工作的若干意见》，对高校实践育人工作和实践能力培养进行了系统部署。不少研究者也结合本单位的工作实践开展了探索性研究，提出了各具特色的高校实践育人的具体模式、基本原则和具体要求。然而，从当前的情况来看，我国应用型本科院校还存在对实践育人的重要性认识不足、尚未全面树立实践育人理念、实践育人工作缺乏整体性和系统性的设计安排、实践育人效果不明显等诸多问题。更有甚者，部分院校将实践育人等同于理论教学计划中的实验、实习和社会实践，偏重于实践教学的工具价值，将实践育人窄化为大学生实践技能训练和动手能力培养，忽视了教育实践对学生价值观和人生智慧的培养作用。

　　近年来，石家庄学院教师教育专业秉承以学生为本的办学理念，强化实践教学环节，优化和完善实践教学体系，为本地区基础教育和经济社会发展培养和输送了大批优秀师资。本书基于对"实践育人"重要价值的认识，以石家庄学院教师教育专业实践教学为研究对象，探讨应用型本科院校实践育人模式体系构建，并在实证研究的基础上对推进应用型本科院校实践育人工作的路径和策略进行了探索。具体来说，首先，本课题基于对实践教学在应用型本科教师教育人才培养中的独特作用和重要价值的认识，围绕实践教学的真正内涵是什么、应用型本科院校教师教育专业实践教学体系有哪些构成要素等问题展开理论探讨，以建立起研究的逻辑起点，勾勒出应用型本科院校教师教育专业实践教学体系的基本形态。在此基础上，本书主要围绕应用型本科院校教师教育专业实践教学的现状、存在的问题、解决的方法议题开展调查研究，从专业教学实践、社会实践、校园文化、毕业综合实习、职业技能训练等环节分析应用型本科院校教师教育专业实践教学的现实状况，并以此探讨推进工作的基本策略。

全书分为十一章。其中，第一章和第二章由苗培周撰写，介绍了我国教师教育实践教学改革发展的基本历程，阐明了地方应用型本科高校实践教学的理论基础，澄清了一些模糊认识，树立了正确的实践教学观，为提升师范生实践教学质量提供了政策框架和理论基础。第三章到第十章以石家庄学院教师教育专业学生为调查对象，从校园文化活动、社会实践、社团活动、专业实践、专业技能实训、实践基地建设、实践教学评价、毕业论文等方面对地方应用型本科高校教师教育专业实践教学体系的基本情况进行了研究。其中，第三章到第五章由苗培周、吴宝瑞撰写，第六章、第九章、第十章由柴育青、苗培周撰写，第七章、第八章由郭柯馨、苗培周撰写。第十一章由辛雅静撰写，主要从深度实践教学的角度探讨了当前地方应用型本科高校实践教学体系的现实困境与改进策略。全书由苗培周策划并统稿。

本书是河北省教育科学规划一般课题"地方院校教师教育共同体人才协同培养的机制建构与实践路径研究"（编号：1803052）、河北省教育厅重大课题攻关项目"河北省应用型本科院校实践育人模式建构与实践研究"（编号：ZD201461）的研究成果。在撰写过程中，本书得到了石家庄学院教师教育学院和小学教育教研室领导和教师的大力支持，得到了石家庄市基础教育改革与发展研究中心、石家庄市特殊教育资源中心的资助。同时，小学教育专业的刘萌、董笑冬、潘晓萌、寇亚文、葛玉娟等本科生参与了收集资料、专题调研等工作，在此一并表示衷心的感谢。

本书参考和引用了大量有关专家、学者的著述文章，在此我们表示衷心的感谢。由于作者水平有限，书中不妥之处在所难免，恳请各位专家同人和广大读者给予指正。

作　者

2024 年 11 月

目　录

第一章　我国教师教育实践教学体系的改革与发展

劳动力市场的结构性失业，特别是高素质应用型技术人才的缺乏，促使国家和高校管理者重新思考应用型本科教育应该走什么样的办学道路。中国著名高等教育学家潘懋元教授提出，应参照国际教育标准分类，结合我国高等教育的实际情况，正确定位、分类指导、办出特色，并建议把应用型本科高校作为我国高等学校的基本类型之一，办好、做强。[①] 这一观点得到学界和社会的广泛关注和认同。《国家中长期教育改革和发展规划纲要（2010—2020年）》明确提出："建立高校分类体系，实行分类管理。发挥政策指导和资源配置的作用，引导高校合理定位，克服同质化倾向，形成各自的办学理念和风格，在不同层次、不同领域办出特色，争创一流。"2013年6月，在教育部的推动下，应用技术大学（学院）联盟在天津成立，推动了我国高等教育的分类办学和特色发展。2014年2月，国务院常务会议做出了"引导部分普通本科高校向应用技术型高校转型"的战略部署。为落实这一重大战略部署，2015年10月，教育部、国家发展改革委、财政部联合印发《关于引导部分地方普通本科高校向应用型转变的指导意见》（教发〔2015〕7号），从指导思想、基本思路、主要任务和配套政策等方面对地方普通本科高校向应用型转型做出了具体安排。同时，省级政府相继开始转型发展试点高校。至此，地方普通本科高校向应用型转型发展工作全面启动。

在向应用型转变的过程中，地方本科高校的课程与教育教学改革也在不断深入开展，实践教学是其中的关键一环。本书从实践育人视角出发对当前地方应用型高校教师教育专业实践育人体系改革现状展开分析，以期为教师教育人才培养提供借鉴。

---

① 潘懋元，董立平.关于高等学校分类、定位、特色发展的探讨［J］.教育研究，2009（13）：42.

实践性是教师职业的重要特征。随着我国教师教育体系改革的不断推进，实践教学因在培养学生创新精神和实践能力方面起着至关重要的作用，而越来越受到政策决策者、学术研究者和实践工作者的关注。因此，加强教师教育实践教学体系改革、提升师范生教育实践能力，正逐渐成为当前教师教育改革的核心议题。可以说，"以实践为导向"已然成为我国教师教育改革的时代诉求。

第一节　实践教学的基本内涵与理论基础

一、实践教学的概念理解

实践教学是一种相对于理论教学的教学活动，是高校学生获取实践性知识、提升实践能力的重要途径。在我国高等教育中，实践教学的概念最早可追溯到 20 世纪 80 年代中后期。1990 年，国家教育委员会高等教育司农林处组织召开了一次研讨会，会议较为正式地提出了实践教学和实践教学体系的概念。此后，实践教学日益受到人们的重视，并作为词条被收录到教育辞典中。其中，较有影响力的是由 1998 年出版的《教育大辞典》收录的"实践教学"。《教育大辞典》对"实践教学"的定义如下："相对于理论教学的各种教学活动的总称，包括实验、实习、设计、管理、实际操作、工程测绘、社会调查等，旨在使学生获得感性知识，掌握技能、技巧，养成理论联系实际的作风和独立工作能力。与理论教学不同，实践教学通常在实验室、实习场所等一定的职业活动情景下进行。"

有学者认为，实践教学不是一般意义上的社会实践，而是受制于教育的目的和要求。其本质是以培养人为宗旨的教学活动。实践教学不仅是传统意义上的教学环节，还同社会生产和生活相融合，在改造客观世界的同时，也改造着主观世界。学者主张从实践教学与理论教学的区别出发，规定实践教学的内涵。他们认为，实践教学与理论教学之间的区别，主要反映在内容、形式和功能上，这是实践教学概念的基本着眼点。因此，离开理论教学而孤立地谈实践教学，是难以将其表述清楚的。因此，学者将"实践教学"的概念界定为：实践教学是与理论教学紧密联系，学生在教师的指导下以实际操作为主，获得感性知识和基本技能，提高综合素质的一系列教学活动的组合。

学者对此概念做了进一步的阐述，认为实践教学的概念还应包括如下含义："一是实践教学是一系列教学活动的组合，某一个实践性教学环节，属于实践教学的范畴，但不等同于实践教学；二是这些环节属于教学活动的某一种，均有教学的属性，应有明确的教学目标、内容、活动形式、检查手段和考核指标，这些应在教学大纲中规定，并列入教学计划；三是这些活动要体现学生的主体性，学生通过大脑的思考和双手的操作，获得感性知识和基本技能，提高综合素质，但这种思考和操作必须在教师指导下，这是实践和实践教学的本质区别。"

基于学界已有的研究成果，本书将实践教学定义为：实践教学是相对于理论教学而言的一种基本教学活动，是高等学校根据社会要求和大学生的发展需要，从专业或职业需要出发设计的多种教学活动的总称，包括实验教学、参观、社会调查、见习、实训实习、毕业论文等多种形式。

二、实践教学与理论教学的关系

理论教学和实践教学既是高等教育专业教学的两大基本形式，又是贯串高等教育专业教学全过程的基本矛盾关系。[①] 正确把握和处理好理论教学和实践教学的关系，是提高高等教育教学质量的关键。

理论教学与实践教学有着紧密的联系，是一个整体的两个部分，它们互为条件、相互协调、相互补充，实现着不同的教育功能，共同服从整体教学体系目标。理论教学与实践教学共同组成教学体系，是教学体系不可分割的两个部分。二者在一个服务于人才培养目标的大系统内，保持相互开放、协调发展。[②] 一方面，实践教学建立在系统的专业理论教学的基础之上，应当在专业理论指导下开展。没有理论教学，实践教学就成了盲目的行为。我们需用相关理论检验实践教学是否科学、合理、可行，并用理论来指导、衡量和解释实践教学的过程和结果。在专业理论指导下的实践，比脱离理论指导的盲目实践更具有针对性和计划性，可以使学生少走许多弯路，从而更快、更有效地提高专业水平。因此，如果想要提高实践教学的效果，就不能不强调系统学习专业理论，就不能不重视实践课程与理论课程的匹配。当然，这并不意味着所有的实践教学活动都必须在理论教学之后开展。另一方面，理论

---

① 赵国平. 论实践教学与理论教学的关系 [J]. 中国成人教育, 2010 (17)：127-128.
② 甄卓铭. 理论教学与实践教学的同构关系（高教研究）[J]. 现代教育科学, 2011 (5)：79-80.

教学应当为实践教学服务，为培养学生的实践能力服务。实践既是认识的目的，又是学习的目的。学生通过理论教学环节所学的知识，只有被应用于专业实践，才会有价值。因此，我们要紧紧围绕"培养学生实践能力"这一目标来确定理论教学的内容。理论课程要充分反映行业领域以及岗位工作对学生能力的要求。这就要求教师在理论教学时，重视理论的应用，使理论教学与专业实践充分结合。

理论教学与实践教学有着明显的区别，两者不能相互替代。这里我们强调的是，实践教学具有相对独立性，不能用理论教学替代实践教学。一方面，学生的学习任务主要是获得间接经验，但这不是说直接经验就不重要。实践教学可以丰富学生的直接经验，弥补理论教学过程中感性认识的不足，促进学生对理论教学中所学知识的二次理解。同时，学生会在具体的实践中遇到未曾在理论教学中接触到的各种具体问题，这些问题可以为丰富理论教学的内容提供新的经验、材料，从而学生可以更好地掌握本专业的理论知识。另一方面，实践教学还可以检验理论教学的效果，甚至整个专业教学的质量，从而为丰富理论教学的内容、开拓新的专业理论领域提供实践依据。①

总之，在教学中，理论教学与实践教学表现为"互释、互融、互补"的关系，是一种"你中有我，我中有你"的关系，是在一种统一的互为基础的规则上建立起来的相辅相成、"互动"发展的关系。理论教学与实践教学服务于人才培养的总体目标，在完成总体目标的过程中，理论教学和实践教学各自实现着自己的功能，但功能不是通过排他性方式实现的，而是在实施过程中交叉互补实现的。

理论教学与实践教学具有整体性、开放性和动态性的特征，两者共同构成高等教育完整的教学体系。实践教学体系建设要有整体观，不能孤立地看待和处理实践教学或理论教学。因此，在教育教学实践中，要使理论教学和实践教学有机整合，充分发挥整体优势，以达到更好的教育教学效果。

三、实践教学的理论基础

不同历史阶段、不同社会、不同个体有着不同的实践观。从历史发展来看，人类社会产生了泛化实践、道德实践、生产实践、交往实践等实践范式。

---

① 赵国平. 论实践教学与理论教学的关系 [J]. 中国成人教育，2010 (17)：127-128.

在人类社会早期，当时的人类认识能力极为低下，还没有把自己与周围世界清晰地区分开来，他们把一切变化、运动都归结为人的主观精神或超自然的客观精神，因此对实践的理解趋于泛化。随着生产力的发展和社会制度的变革，人类讨论的中心开始从自然问题转向人和社会的问题。伴随而来的则是人们的实践观念从泛化实践转向人的实践，尤其是道德实践。资本主义生产方式产生以后，逐渐形成以物质的生产活动和技术实践为主的生产实践观。但后来这种实践观发展为技术理性的实践，给人类社会带来了严重危机。正是在这种背景下，人们提出了"主体—主体"的交往实践理论。[①]

实践教学与实践观密切关联，从一定意义上来说，实践观是开展实践教学的前提。加强对实践教学的理论研究，阐明实践教学的理论基础，对深化实践教学改革具有重要作用。我们只有坚持正确的理论基础，才能更好地指导实践教学改革，实现高素质创新型专业化教师人才培养的目标。

（一）马克思主义实践观[②]

"实践"在马克思主义哲学中占据着极为重要的地位。在著作中，马克思除了直接使用"实践"等概念外，还经常使用劳动、对象化活动、生产、生存、生活等与实践含义比较接近的概念。这些概念在一定程度上反映了马克思的实践观。马克思在《关于费尔巴哈的提纲》中尖锐地揭示了传统实践观的局限性："从前的一切唯物主义（包括费尔巴哈的唯物主义）的主要缺点是：对对象、现实、感性，只是从客体的或者直观的形式去理解，而不是把它们当作人的感性活动，当作实践去理解，不是从主体方面去理解。"[③] 他把实践看作"人的感性活动"或"对象性的活动"，认为是实践创造了人类的存在，并认为其是人类的根本存在方式。实际上，这种在存在论、本体论解释框架内的实践概念，超越了道德实践和生产实践两种哲学传统。"我们首先应当确定一切人类生存的第一个前提，也就是一切历史的第一个前提，这个前提是：人们为了能够'创造历史'，必须能够生活。"[④] 而当人开始生产自己的

① 李伟. 实践范式转换与实践教学改革［M］. 北京：教育科学出版社，2010：3-44.
② 张英彦. 论实践教学的理论基础［J］. 教育科学，2006（4）：34-36.
③ 中共中央马克思恩格斯列宁斯大林著作编译局. 马克思恩格斯选集：第 1 卷［M］. 北京：人民出版社，1995：58.
④ 中共中央马克思恩格斯列宁斯大林著作编译局. 马克思恩格斯选集：第 1 卷［M］. 北京：人民出版社，1995：79.

生活资料，"人本身就开始把自己和动物区别开来了"。[①] 在马克思看来，实践是人能动地改造物质世界的对象性活动，是以人为主体、以客观事物为对象的现实活动，具有鲜明的主体性。因此，实践是人有意识的、有目的的行为过程，是主体客体化与客体主体化的过程。在马克思看来，实践不仅包括物质的生产实践，还包括社会生产关系的生产，以及个体自身生命和精神的生产。在通过自身的实践活动不断建构着现实社会的同时，人们不断创造着新的自我。因此，实践具有生成性。

在批判和继承前人思想的基础上，马克思和恩格斯创立了以实践为立足点与出发点的辩证唯物主义与历史唯物主义哲学，用以理解人与世界的存在及人与世界的关系，从而为我们认识和理解实践教学提供了本体论基础和行动指南。一是实践教学是一种重要的教学活动，"在经验的世界里教师与学生共同缔造课程、追求目标、建构知识与意义"。[②] 二是实践教学可以有效地促进人的全面发展。马克思认为，实践创造了人，个人所有素质的改善和提高要通过个人的实践活动来实现。没有个人的积极实践活动，就谈不上个人的任何发展。人的劳动实践使"生产者也改变着，炼出新的品质，通过生产而发展和改造着自身，造成新的力量和新的观念，造成新的交往方式、新的需要和新的语言"。三是实践教学能有效发挥学生的主体性。人是实践的主体。在实践教学过程中，通过理论的学习及教师的指导，学生在丰富多样的实践活动中运用所学知识和理论发现、分析和解决问题，不断加工、建构和生成新的知识和价值，促进自身的发展。

（二）哈贝马斯的交往行为理论

哈贝马斯在韦伯、贾维等人的理论研究基础上，吸收米德符号互动论、卢卡奇物化理论、胡塞尔生活世界思想、马克思交往学说，创立了交往行为理论。在《交往行为理论》一书中，哈贝马斯提出了自己的行为类型分类。他把人的行为分为社会行为和非社会行为。非社会行为是单主体的行为，是以目的为导向的工具性行为；社会行为是多主体的参与行为。根据行为的取向，社会行为可进一步被划分为以目的为导向的策略行为和以沟通为导向的交往行为。在他看来，工具行为的行为者选择他认为适合一定语境的手段，

---

① 中共中央马克思恩格斯列宁斯大林著作编译局. 马克思恩格斯选集：第 1 卷 [M]. 北京：人民出版社，1995：67.

② 高宏. "对话"视野下的课程理解及其内在实践理性 [J]. 中国教育学刊，2016（9）：57-61，75.

并把其他可以预见的行为后果当作目的的辅助条件加以计算。而当至少一位同样具有目的行为倾向的行为者把对决定的期待列入对自己行为效果的计算范围的时候，目的行为就演变成策略行为。策略行为者从功利主义出发，着眼于功效最大化的期待进行目的的计算和手段的选择。[①] 交往行为是以沟通为取向、以语言为媒介的社会行为，"如果参与者的行为计划不是通过各自的斤斤计较，而是通过沟通获得协调，那么我们就说这是一种交往行为"。[②]

在哈贝马斯看来，工具行为的盛行，以及由此形成的工具—技术理性导致了生活世界的殖民化，使原本单纯的主体间交往关系变成了以物的关系为基础的相互利用的"目的—手段"关系，从而使当代人普遍陷入异化状态，这也是造成资本主义社会问题的主要原因。因此，他提出"生活世界的问题要找到解释，都必须通过同日常语言相联系的行为和谈判来解决"，进而实现从工具—技术理性转向交往理性，重建生活世界。

尽管哈贝马斯的交往行为理论带有明显的唯心主义倾向，其思维方式、方法论基础和理论视角也存在一定的局限，但他继承和发扬了马克思关于实践的关系维度，批判了"主体—客体"的工具理性模式及其所导致的人的物化、异化状况，力图构建一个以实践为基础的社会交往关系理论，既为人们分析当代社会实践和研究人的异化提供了新的理论视角，又为实践教学改革提供了重要启示。一是实践教学是具有主体间性的人以语言为中介的沟通行为，活动参与者互为主体，相互之间是平等的关系。因此，在现代大学实践教学中，尽管存在预先的规范要求，但更多是生成的，是通过师生对话协商而达成的共识。即使是社会和学校的规范，也不能简单地强制学生接受，而应阐明理由，主动沟通并说明情况。二是实践教学并不是一种简单地掌握知识和技能的过程，而是一种人的精神交往与成长的过程。因此，我们要坚决避免实践教学片面化、技术化，不能简单地将实践教学视为将理论和技术应用于实践的过程，不能把验证理论知识和获得实践能力作为最主要的目的，或是唯一的目的，而要看到实践教学背后的人与人的关系是学生与某一职业人群进行交往的过程，进而帮助学生实现对职业规范的认同，对职业精神的追求和对事业的追求。三是实践教学要正确处理理论知识与实践知识的关系。

---

① 李伟. 实践范式转换与实践教学改革 [M]. 北京：教育科学出版社，2010：40.
② 哈贝马斯. 交往行为理论：第 1 卷　行为合理性与社会合理性 [M]. 曹卫东，译. 上海：上海人民出版社，2004：273.

哈贝马斯认为，在社会生活世界的交往过程中，理论是主体间语言行为过程中取得的共识，但这种共识是建立在主体相互之间对可以批判、检验的有效性要求予以认可的基础上的。而实践是主体以生活世界为背景的交往活动，它并不是理论的应用。这就要求我们在实践教学中尊重学生的个体经验，主动与学生沟通，共建共享实践教学过程。

（三）杜威的"从做中学"思想

"从做中学"是美国现代教育家杜威提出的一个重要的教育理论，他在《学校与社会·明日之学校》一书中明确提出"从做中学要比从听中学更是一种较好的方法"。因为，人们最初的知识和最牢固的知识，是关于怎样做的知识。儿童身上蕴藏着勃勃生机，生来就有一种天然的要做事和要工作的欲望，教育者应该对其加以引导和发展。因此，对于学校和教师来说，应该让每一个儿童都有机会在有意义的活动中使用他的能力。在杜威看来，"从做中学"也就是"从活动中学""从经验中学"，它将学校里知识的获得与生活过程中的活动联系起来，使儿童能在那些真正有教育意义和有兴趣的活动中进行学习，从而有助于儿童的成长和发展。教育者应该为儿童提供一个能够"从做中学"的环境，并指导儿童选择要做的事情和要从事的活动。杜威告诫人们，在"从做中学"时，如果儿童仅仅是去做，那么不管怎样生动，都是不够的。一个活动或设计当然要在学生的经验范围内展开，并且同他们的需要相联系——这绝不是说他们能够有意识地表现出任何喜爱和愿望。一个良好的检验设计的方式是，它是否足够充分和复杂，是否可以让儿童产生不同的反应，是否允许每个儿童自由地去做，从而使他们按照自己特有的方式做出成果。杜威根据思维的过程提出了一个包括情境、问题、假设、推论、验证的五步教学法。

杜威的"从做中学"思想和五步教学法为高等院校建构实践教学体系提供了重要的理论基础。一是实践教学必须树立以学生为本的价值理念。杜威的"从做中学"的教学论实质上是以学生发展为本的教学原则，强调学生的自发和主动。因此，"以学生发展为本"应当成为生实践教学改革的价值选择。如果在实践教学中，仅是教师有发言权，那么发展智慧和性格的学习便不会发生。二是在设计实践教学的内容、形式等时，必须优先考虑学生的兴趣与需要。杜威的"从做中学"思想的核心是将儿童的需要和兴趣作为活动的基础和教学的出发点，强调教师要依据儿童的自然禀赋，通过组织适当的活动，使儿童的能力得到发展。他由此提出"教育即生长""教育即生活""教育即经验的不断改造和重组"等教育理念。因此，构建以学习者为中心的实践教学体系应成为教师教育实践教学改革的重要取向，实践教学的内容与形式应充分考虑学生的兴趣和需要，应注重学生的活动参与和经验生成，从而使学生能动、自主地学习，自由地思考，成为实践教学活动的主动参与者和知识的创生者，更好地实现自身活动经验和理论知识之间的联动对话，更好地完善自身的认知建构。三是实践教学必须促进学生的整体发展。杜威认为，"从做中学"对儿童的整体发展具有重要作用。通过"从做中学"，情感丰富、善于思索、积极主动的儿童，能够成长得更有力量、更有能力。通过实践教学，学生能够比较圆满地解决实践当中的问题，能够增添知识和力量，从而形成社会精神。因此，实践教学不仅要关注学生知识和技能的掌握，还要关注学生自信心、职业认同感和社会规范等心理能力与社会情感的发展，更要关注学生作为人的发展。

（四）陶行知的"教学做合一"思想

"教学做合一"是陶行知生活教育理论的方法论。在创办晓庄试验乡村师范学校的过程中，陶行知结合当时的中国国情和教育现实，批判地吸收了中国传统教育教学理论，借鉴了杜威的"从做中学"教学思想的合理因素，创造性提出了这一教学理论。在陶行知看来，"教学做合一"既是生活法，又是教育法，"教学做合一是生活现象之说明，是教育现象之说明。在生活里，对事说是做，对己之长进说是学，对人之影响说是教。教学做只是一种生活之三方面，而不是三个各不相谋的过程"。因此，教学做是一件事，而不是三件事。我们要在做上教，在做上学。[①] 教的方法要参照学的方法，学的方法要参照做的方法，"事怎样做便怎样学，怎样学便怎样教。教而不做，不能算是教；学而不做，不能算是学。教与学都是以做为中心"。[②] 因此，他特别强调要亲自在"做"的活动中获得知识。那么，如何才能贯彻"教学做合一"呢？陶行知提出，"只有艺友制才能彻底实现教学做合一的原则"，即要做到"先行先知者在做上教，后行后知者在做上学"，以实现"共教""共学""共做"。

陶行知的"教学做合一"思想，蕴含着极其丰富且深刻的教学论意义。其对解决我国高校当前的实践教学诸多问题，仍具有重要的现实意义与理论

① 陶行知. 陶行知全集：第 1 卷 [M]. 长沙：湖南教育出版社，1984：42.
② 陶行知. 陶行知全集：第 1 卷 [M]. 长沙：湖南教育出版社，1984：289.

价值。一是实践教学具有强烈的主体性。"教学做合一"强调的是"做",是"实践",而实践最能体现人的主体性。在实践教学过程中,教师必须尊重学生作为具有独立人格的人的主体性。实践教学为学生提供表现的机会和舞台,教师应使学生在实践教学过程中充分展示自己的个性,潜能得到发挥,从而促进其主体性发展。二是实践教学是一种以实践为基础的思想与行动相结合的创造性教学。基于"教学做合一"的实践教学打破了传统理论教学过于注重知识的灌输和死记硬背的陈旧模式,使学生在实践中更深刻地领会和消化理论知识,养成动手能力,明白"实践"的意义,从而形成创新意识和能力。此外,满足学生自主发展的需要是培育学生创新能力的重要条件。因此,在实践教学中,我们要给学生提供自主发展的条件,为其营造一个足够宽松的发展环境;要给学生一定的自主权,以使其自主地学习和发展。三是在实践教学中,我们要正确处理师生关系。"教学做合一"是师生共做、共学、共教的过程,这就要求我们在实践教学中建立起民主平等、教学相长的新型师生关系。

(五)新知识观

20世纪60年代以来,人们重新审视了知识的性质、类型,知识的生成和传播方式。波兰尼缄默知识概念的提出,开拓了人们的视野,使得人们对知识的性质有了新的认识。波兰尼认为,人的知识有两种类型:显性知识和缄默知识。显性知识是指那些在通常意义上可以用语言、文字或符号来表达的知识;缄默知识则是指那些平时我们意识不到却深刻影响着我们行为的知识。与显性知识相比,缄默知识不能通过语言、文字或符号进行逻辑说明,具有明显的情景性和个体性,是个体获得外显知识的向导和背景知识。事实上,它支配着整个认识活动,对人的行为起定向作用,为人们的认识活动提供最终的解释性框架,乃至知识信念。缄默知识的获得方式主要是亲身参加有关实践。

知识理论的发展,为实践教学提供了认识论基础,促使我们重新评价实践教学的价值。过去,我们往往认为实践教学依附于课堂教学,是课堂教学的延伸和补充。这种认识没有充分意识到实践教学的目的和意义。实际上,如果没有实践,学生就难以掌握理论知识,就难以形成深入人心并有助于创造性地解决实际问题的缄默知识。

第二节　我国教师教育实践教学改革的
政策嬗变与发展方向

　　教育政策既是教师教育实践教学改革的风向标，又是教师教育研究的重要课题。近三十年来，党和国家出台的系列教育政策或多或少地提到了实践教学的相关内容，为我国教师教育实践教学改革提供了一定的政策依据。但是，这些政策要求多散见于不同的政策文本。因此，为了更好地理解和有效地贯彻执行教育改革，我们必须对有关教师教育实践教学的政策内容进行系统的梳理和研究，以期探寻到党和国家对教师教育实践教学的政策期许，进而厘清政策期许暗含的实践教学改革逻辑。这将有助于指明我国教师教育实践教学改革未来的方向，从而更好地指导我国教师教育实践教学改革的开展，推动教师教育的高质量发展。

　　教师教育作为高等教育的重要组成部分，必然受到国家有关高等教育政策的宏观指导。因此，我们梳理的有关政策主要包括两个部分：一是国家关于高等教育实践教学的文件，二是国家关于教师教育实践教学的文件。

一、我国高等教育实践教学改革的政策嬗变

　　尽管有关实践教学的概念出现时间不长，但它迅速地成为我国教育政策关注的热点之一。在许多国家的重要教育文件中，我们都能找到相关的内容要求。

　　重视实践教学，发挥实践育人功能是我国教育的重要传统。党和国家始终将"教育与生产劳动相结合"作为我国教育改革与发展的基本遵循。但受到特殊社会环境的影响，在一段时间内，生产劳动成为高校实践教学与实践育人的主要形式，理论教学的价值甚至被彻底否定，从而严重影响了正常的教育秩序，导致教育活动难以正常开展。改革开放以后，我国教育事业进入新的历史发展时期，党的教育方针也进行了及时的调整。然而，受经济体制改革的影响，当时的高校偏重理论知识的教学，缺乏实践教学，因而难以满足社会主义建设对大批合格应用人才的需求。20世纪80年代中后期，人们开始关注高等学校的实践教学问题。在这一阶段，明确的概念还没有形成，人们大多使用"实践环节"或"实践环节教学"对其加以表示，目的在于增进

高等教育与经济社会发展的实际需要的联系，加强高等学校与社会实际工作和生产部门的合作，增强学生的知识应用能力和动手实践能力，以适应经济社会发展对人才的需求。

较早涉及实践教学改革的教育政策文件当属 1985 年的《中共中央关于教育体制改革的决定》。在论及我国教育中存在的主要问题时，该文件指出："在教育思想、教育内容、教育方法上，从小培养学生独立生活和思考的能力很不够，发扬立志为祖国富强而献身的精神很不够，生动活泼地用马克思主义思想主题教育学生很不够，不少课程内容陈旧，教学方法死板，实践环节不被重视，专业设置过于狭窄，不同程度地脱离了经济和社会发展的需要，落后于当代科学文化的发展。"该文件还指出，"高等教育要针对现存的弊端，积极进行教学改革的各种试验，如改变专业过于狭窄的状况，精简和更新教学内容，增加实践环节"等。1993 年印发的《中国教育改革和发展纲要》进一步强调了高等教育要"加强实践环节的教学和训练，发展同社会实际工作部门的合作培养，促进教学、科研、生产三结合"。为落实《中国教育改革与发展纲要》关于提高高等教育质量的要求，国家教育委员会制定和实施了《高等教育面向 21 世纪教学内容和课程体系改革计划》，对高等师范教育实践教学改革方面予以立项支持。1998 年，《面向 21 世纪教育振兴行动计划》提出将"加强实践教学基础"作为积极推进高等专科学校教学改革的重要举措，这是"实践教学"概念首次进入官方政策文件。1999 年，《中共中央 国务院关于深化教育改革全面推进素质教育的决定》提出"实施素质教育，就是全面贯彻党的教育方针，以提高国民素质为根本宗旨，以培养学生的创新精神和实践能力为重点，造就'有理想、有道德、有文化、有纪律'的、德智体美等全面发展的社会主义事业建设者和接班人"。至此，"加强学生实践能力"进入我国最高级别的文件，成为极具权威的政策话语，是指导我国高等教育教学改革政策制定的风向标。同时，《中共中央 国务院关于深化教育改革全面推进素质教育的决定》提出，"教育与生产劳动相结合是培养全面发展人才的重要途径。各级各类学校要从实际出发，加强和改进对学生的生产劳动和实践教育，使其接触自然、了解社会，培养热爱劳动的习惯和艰苦奋斗的精神""高等学校要加强社会实践，组织学生参加科学研究、技术开发和推广活动以及社会服务活动。利用假期组织志愿者到城乡支工、支农、支医和支教。社会各方面要为学校开展生产劳动、科技活动和其他社会实践活动提供必要的条件，同时要加强学生校外劳动和社会实践基地的建设"。这些要求不仅进一步拓展了实践教学的内涵，还关注了实践教学的不同形式，标志着高等教育实践教学开始走向规范化。2000年，教育部在"高等教育面向21世纪教学内容和课程体系改革计划"的基础上，实施了"新世纪高等教育教学改革工程"。在"高等学校本科教育教学改革与实践"中明确要求"继续深化本科人才培养模式的改革……使学生较早地参与科学研究和社会、生产实践，普遍提高大学生的人文素质、科学素质、创新精神和创业、实践能力。而在高职高专教育方面则更加突出实践教学的作用，要求开展高职高专专业建设、实践教学体系与实践教学基地建设、师资队伍建设、教学管理等方面的研究与实践"。还明确了"实践教学体系"建设的要求。这也是"实践教学体系"首次进入国家政策文件，表明了高职高专实践教学改革的迫切需要。进入21世纪后，随着国家对大学生实践能力培养的重视，实践教学的作用日益突出。2001年，教育部印发《关于加强高等学校本科教学工作提高教学质量的若干意见》，将"进一步加强实践教学，注重学生创新精神和实践能力的培养"单独列出，突出要高度重视"实践教学对于提高学生的综合素质、培养学生的创新精神与实践能力具有特殊作用"，并对实验教学、社会实践、参与科研、毕业实习和毕业设计（论文）等重要的实践教学形式做出具体要求："高等学校要重视本科教学的实验环节，保证实验课的开出率达到本科教学合格评估标准，并开出一批新的综合性、设计性实验。文科学生要按专业要求参加必要的社会实践。要根据科技进步的要求，注重更新实验教学内容，提倡实验教学与科研课题相结合，创造条件使学生较早地参与科学研究和创新活动……要建立和完善校内外实习基地，高度重视毕业实习，提高毕业设计、毕业论文的质量。"

这一时期，教师教育工作的重点是推进教师教育结构的战略性调整，因而专门针对教师教育实践教学的政策并不多。

实践教学在提升人才培养质量方面起着关键作用，但仍存在实践教学环节薄弱、实践教学经费严重不足等现实问题。因此，国家开始加强实践教学改革与建设的投入。2004年3月，国务院批转了教育部制定的《2003—2007年教育振兴行动计划》（国发〔2004〕5号）。该计划决定实施高等学校教学质量与教学改革工程，进一步深化高等学校的教学改革，明确提出要"建设一批示范教学基地和基础课程实验教学示范中心，强化生产实习、毕业设计等实践教学环节"，这表明国家开始重视实践教学的经费投入，标志着高等学校实践教学改革进入了一个新阶段。同年12月，教育部在北京召开了第二次全国普通高等学校本科教学工作会议。会上，教育部部长周济做了主题为"大力加强教学工作 切实提高教学质量"的讲话。他指出："当前的实践教学环节非常薄弱，严重制约了教学质量的进一步提高。要培养高素质人才，就必须高度重视这个环节。我国本科教学质量在世界上是先进的，但是也有严重不足，最为突出的就是实践能力较差。"会议要求，要以更多的精力、更大的财力进一步加强教学工作。在这次会议的基础上，教育部 2005 年印发了《关于进一步加强高等学校本科教学工作的若干意见》。该文件对之后一段时间内的高等学校本科教学改革做出了全面部署，更加突出地强调了实践教学在培养学生实践能力中的关键作用，明确提出"要大幅度增加实践教学专项经费，尽快改变实践教学经费严重不足的状况"，把实践教学作为教学工作评估的关键性指标，并对实践教学改革做出具体部署。一是强化实践育人的意识，合理制定实践教学方案，完善实践教学体系。二是切实加强实验、实习、社会实践、毕业设计（论文）等实践教学环节，保障各环节的时间和效果。三是不断改革实践教学内容，改进实践教学方法，通过政策引导，吸引高水平教师从事实践环节教学工作。四是加强产学研合作教育，充分利用国内外资源，不断拓展校际、校企之间，高校与科研院所之间的合作，加强各种形式的实践教学基地和实验室建设。五是适时启动基础课程实验教学示范中心建设项目，推动高校实践环节教学改革。此外，教育部还要求高等学校根据不同学科专业的特点和条件，建立有效的实践教学质量监控机制。2005 年，为贯彻落实《中共中央 国务院关于进一步加强和改进大学生思想政治教育的意见》精神，中央宣传部、中央文明办、教育部、共青团中央联合印发了《关于进一步加强和改进大学生社会实践的意见》，要"把大学生社会实践纳入教学计划"，进一步加强以教学实践、专业实习为主要内容的实践教学，要把实践教学的要求落实到每一个部门、每一门课程和每一位教师，要着重解决好实践教学经费投入、实践教学资源、实习教学质量、毕业设计质量、实践教学管理等方面存在的问题和不足。一时间，实践教学受到党和国家以及社会各界的高度重视，高等学校实践教学工作进入快速发展的时期。正如时任教育部部长的周济在实施高等学校本科教学质量与教学改革工程视频会议上强调的那样："深化教学改革，提高教育质量，必须坚持以强化实践教学为着力点。"在这种背景下，人们逐渐形成了一个共识：强化实践教学工作，深化实践教学改革，建立和完善实践教学体系，既是提高高等学校教学质量的重要内容，又是提高高等教育质量的核心保障。2007 年，《教育部关于进一步深化本科教学改革全面提高教学质量的若干意见》进一步重申了有关实践教学改革的要求，提出了强化对实验、社会实践、毕业设计等教学各环节的管理，进一步加强了对实验实践、图书资料等教学基本条件的投入，努力提高大学生的学习能力、创新能力、实践能力、交流能力和社会适应能力。该文件还明确规定了实践教学在人才培养方案中的学分（学时）比例，要求"人文社会科学类专业一般不应少于总学分（学时）的15%，理工农医类专业一般不应少于总学分（学时）的25%"。同年，《教育部财政部关于实施高等学校本科教学质量与教学改革工程的意见》将实践教学与人才培养模式改革创新作为重点建设内容，提出要"大力加强实验、实践教学改革，重点建设500个左右实验教学示范中心，推进高校实验教学内容、方法、手段、队伍、管理及实验教学模式的改革与创新。开展基于企业的大学生实践基地建设试点，拓宽学生的校外实践渠道。实施大学生创新性实验计划，支持15000个由优秀学生进行的创新性试验，促进学生自主创新兴趣和能力的培养。择优选择500个左右人才培养模式创新实验区，推进高等学校在教学内容、课程体系、实践环节等方面进行人才培养模式的综合改革，以倡导启发式教学和研究性学习为核心，探索教学理念、培养模式和管理机制的全方位创新。继续开展大学生竞赛活动，重点资助在全国具有较大影响和广泛参与面的大学生竞赛活动，激发大学生的兴趣和潜能，培养大学生的团队协作意识和创新精神。"随着"质量工程"的实施，高等学校实践教学的基本条件、实践教学内容和形式等都得到了极大的改善，实践教学质量显著提高。

在这一时期，基础教育对高素质教师的需求日益迫切。随着教师教育事业的改革与发展，实践教学在教师教育工作中的作用日益凸显。国家及有关教育部门开始出台一些专门的有关教师教育实践教学改革的文件，有力地推动了教师教育实践教学工作的开展。2007年，国务院办公厅批转了教育部等部门《教育部直属师范大学师范生免费教育实施办法（试行）》，要求师范生培养院校"强化实践教学环节，完善师范生在校期间到中小学实习半年的制度"。据此，教育部研究制定了《关于大力推进师范生实习支教工作的意见》。该文件指出："师范生教育实习是中小学教师培养不可或缺的重要环节"，也是推动教师教育改革，强化师范生实践教学，提高教师培养质量的有效措施。该文件还从制度建设、组织实施、基地建设、经费保障、支持服务等方面对师范生顶岗实习支教工作做了具体安排部署。此后，教师教育实践教学改革迈入快车道，以顶岗实习为主要内容的实践教学改革带动了教师教育人才培养方案、人才培养模式、课程体系、教师教学理念与教学模式等全方位、全过程的改革。

2010 年，中共中央、国务院印发的《国家中长期教育改革和发展规划纲要（2010—2020 年）》是我国 21 世纪的第一个教育中长期规划，是指导今后一段时间内教育事业改革发展的纲领性文件。以此为节点，高等学校实践教学工作也进入了一个前所未有的发展阶段。为贯彻落实《国家中长期教育改革和发展规划纲要（2010—2020 年）》精神要求，强化实践教学环节，2012年，教育部等部门印发了《关于进一步加强高校实践育人工作的若干意见》，提出"统筹推进实践育人各项工作"，强调实践教学是实践育人的主要形式，要进一步强化实践教学环节，要求"各高校要结合专业特点和人才培养要求，分类制订实践教学标准，增加实践教学比重，确保人文社会科学类本科专业不少于总学分（学时）的 15％、理工农医类本科专业不少于 25％、高职高专类专业不少于 50％，师范类学生教育实践不少于一个学期，专业学位硕士研究生不少于半年。要全面落实本科专业类教学质量国家标准对实践教学的基本要求，加强实践教学管理，提高实验、实习、实践和毕业设计（论文）质量。支持高等职业学校学生参加企业技改、工艺创新等实践活动"。同时，要深化实践教学方法改革，"重点推行基于问题、基于项目、基于案例的教学方法和学习方法，加强综合性实践科目设计和应用。要加强大学生创新创业教育，支持学生开展研究性学习、创新性实验、创业计划和创业模拟活动"。此外，还要着力加强实践教学师资队伍建设和实践教学基地建设，加强实验室、实习实训基地、实践教学共享平台建设，依托现有资源，重点建设一批国家级实验教学示范中心、国家大学生校外实践教育基地和高职实训基地。同年，《教育部关于全面提高高等教育质量的若干意见》再次重申了上述要求。这可以说是对新时期高校实践教学改革的一个系统性部署，既有对以往经验的总结，又有对前瞻性问题的谋划；既有对重点领域的硬性要求，又有对关键环节的支持。

此后，实践教学在人才培养中的关键作用不断得到强化，如《国家教育事业发展"十三五"规划》提出要"将实践教学作为深化教学改革的关键环节"，加强学校实践教育条件和校外实习实践基地建设，丰富实践育人有效载体，强化学生实践动手能力。同时，实践教学对高等教育改革与发展的影响也越来越大。国务院办公厅印发了《关于深化产教融合的若干意见》，对高等学校实践教学的相关方面提出了要求。《教育部关于推动高校形成就业与招生计划人才培养联动机制的指导意见》提出要加强实践育人机制，系统设计实践育人教育教学体系，分类制定实践教学标准，增大实践教学比重，整合校内外实践教学资源，加快建设校外实践育人基地，加强实践教学队伍建设，打通理论教学和实务操作，提高教师实践教学能力。此外，人们还从不同方面对实践教学体系进行了完善。《教育部关于加快建设高水平本科教育全面提高人才培养能力的意见》提出，加强实践育人平台建设，综合运用校内外资源，建设满足实践教学需要的实验实习实训平台；加强校内实验教学资源建设，构建功能集约、资源共享、开放充分、运作高效的实验教学平台；建设学生实习岗位需求对接网络平台，征集、发布企业和学生实习需求信息，为学生实习实践提供服务；进一步提高实践教学的比重，大力推动与行业部门、企业共同建设实践教育基地，切实加强实习过程管理，健全合作共赢、开放共享的实践育人机制。2018 年，教育部发布《普通高等学校本科专业类教学质量国家标准》，明确了主要实践教学环节的教学标准，规定了专业实习的形式和实习时间等相关内容，提出了相关考核要求。针对部分高校对实习不够重视、实习经费投入不足、实习基地建设不规范、实习组织管理不到位等现象，教育部出台了《关于加强和规范普通本科高校实习管理工作的意见》，从充分认识实习的意义和要求、规范实习教学安排、加强实习组织管理、强化实习组织保障四个方面提出了十六条意见，对当前大学生实习工作中存在的主要问题予以回应，并提出了具体的工作举措。可以说，这既是对实践教学改革有益经验的系统总结，又是对新时期高等学校实践教学改革的新要求。

在这一时期，教师教育工作受到党和国家前所未有的重视和关注，因而有关教师教育实践教学改革的文件大幅增加。一是教师队伍建设政策文件对实践教学提出了明确的要求，如 2012 年印发的《国务院关于加强教师队伍建设的意见》，明确提出要在提高教师培养质量方面"落实师范生教育实践，不少于一学期制度"，以确保师范生实践教学的时间和质量。2018 年，《中共中央 国务院关于全面深化新时代教师队伍建设改革的意见》印发。该文件明确要求，根据基础教育改革发展需要，以实践为导向优化教师教育课程体系，强化钢笔字、毛笔字、粉笔字、普通话等教学基本功和教学技能训练，并且师范生教育实践不得少于半年。这些政策要求较为宏观，发挥着指导性的作用，为教师教育实践教学改革奠定了基调。二是在教师教育相关政策文件中强化实践教学环节。根据其内容要求，这些政策又可以分为两类。一类是在对教师教育改革进行宏观指导时涉及的实践教学要求，如 2018 年教育部等五部门印发的《教师教育振兴行动计划（2018—2022年）》提出了明确教育实践的目标任务，构建教育实践内容体系的要求。另一类是围绕师范生培养直接对实践教学提出系统而具体的要求，如2011年印发的《教育部关于大力推进教师教育课程改革的意见》，将强化教育实践环节作为重要改革措施单列成节，强调"加强师范生职业基本技能训练，加强教育见习，提供更多观摩名师讲课的机会。师范生到中小学和幼儿园教育实践不少于一个学期。支持建立一批教师教育改革创新试验区，建设长期稳定的中小学和幼儿园教育实习基地。高校和中小学要选派工作责任心强、经验丰富的教师担任师范生实习指导教师。大力开展教育实践活动，深入农村中小学，引导和教育师范生树立强烈的社会责任感和使命感。积极开展师范生实习支教和置换培训，服务农村教育"。同时，教育部颁布了《教师教育课程标准（试行）》，把实践取向作为课程建构理念，强调师范生具有"观摩教育实践""参与教育实践""研究教育实践"的经历，并规定教育见习、教育实习等实践课程不得少于十八周。2014年印发的《教育部关于实施卓越教师培养计划的意见》将开展规范化的实践教学作为推动教师教育教学改革创新的重要举措，要求将实践教学贯穿培养全过程，分段设定目标，确保实践成效。建立稳定的教育实践基地和教育实践经费保障机制，切实落实师范生到中小学教育实践不少于一个学期的制度。同时，其提出要建立标准化的教育实践规范，对实践教学全过程提出明确要求。此外，其强调实行高校教师和中小学教师共同指导师范生的"双导师制"，建设教育实践管理信息系统平台，探索教育实践现场指导与远程指导相结合的新模式，等等。2018年，教育部印发了《关于实施卓越教师培养计划2.0的意见》，在强化实践教学方面提出了更高的要求，将提高实践教学质量作为卓越教师培养的重要任务和举措，强调"设置数量充足、内容丰富的实践课程，建立健全贯穿培养全程的实践教学体系，确保实践教学前后衔接、阶梯递进，实践教学与理论教学有机结合、相互促进"。同时，全面落实高校教师与优秀中小学教师共同指导教育实践的"双导师制"，为师范生提供全方位、及时有效的实践指导；推进师范专业实践教学与管理平台建设，强化师范生教学基本功和教学技能训练与考核，推进教育实践全过程管理。此外，建立并完善合作共赢长效机制，积极推进优质教育实践和企业实践基地建设。这些政策进一步规范了教师教育的实践教学，确保了规范化实践教学的顺利开展，提高了师范生培养质量。三是专门出台针对实践教学的政策文件，比较突出的代表是2016年印发的《教育部关于加强师范生教育实践的意见》（以下简称"《意见》"）。该文件分两个部分，共九条，主要从实践目标、实践内容、实践形式、教育实习、实践指导、实践评价六个方面系统设计了师范生教育实践，还包括实践基地建设、指导教师激励机制和经费保障等方面，加强了师范生教育实践的保障意见。《意见》对师范生教育实践进行了整体的规划与要求，既反映了目前教师教育院校关于师范生教育实践的理论与实践成果，也体现了国家教育部门对加强师范生教育实践的全方位思考。《意见》坚持问题导向，针对师范生教育实践当中存在的突出问题，提出了一系列有针对性的要求与意见，为新时期全面推进和加强师范生实践教学改革提供了重要指导。

二、我国教师教育实践教学改革的基本逻辑与总体特征

政策文本作为一种社会活动产物，具有可见性和持久性，能为实证研究提供特定的历史数据，帮助研究者"观察"实际上不能直接接触到的长时段政策演变过程。[①] 政策文本的选择是政策研究的关键。在选择政策文本时，要遵循政策文本的权威性、全面性、适切性和多样性。从权威性来看，本书获取的有关实践教学的政策文本皆为国家层面出台的政策文件，主要来自中华人民共和国教育部部门网站，具有较高的权威性。从全面性来看，本书所获取的有关政策文本既有党中央和国务院出台的引领政策，如《中共中央 国务院关于深化教育改革全面推进素质教育的决定》《中共中央 国务院关于全面深化新时代教师队伍建设改革的意见》等，也有教育部及教育部联合其他部委出台的具体政策，如《关于进一步加强高校实践育人工作的若干意见》《教育部关于全面提高高等教育质量的若干意见》等，还有教育部出台的针对性文件，如《教育部关于大力推进师范生实习支教工作的意见》《教育部关于加强师范生教育实践的意见》等，涵盖了教师教育改革和实践教学改革的热点政策。从适切性来看，本书获取的政策文本或为教师教育实践教学改革指明方向，或为教师教育实践教学改革奠定基础，或为教师教育实践教学改革提出具体要求。从多样性来看，本书获取的政策文本包括方案、计划、意见、办法、标准等，政策文件类型多样。因此，对这些政策文件进行细致分析，可以比较清晰地看到教师教育实践教学改革的发展脉络、基本逻辑和总体特征，进而更好地把握其发展走向。

---

① 涂端午. 教育政策文本分析及其应用 [J]. 复旦教育论坛，2009，7（5）：22-27.

（一）我国教师教育实践教学改革的发展脉络

从总体上看，我国教师教育实践教学改革在认识层面和实践层面都经历了一个逐步深入的发展过程，已经成为深化教师教育改革、提高师范生培养质量的关键着力点。从认识层面来看，其经历了从"实践性教学环节"到"实践教学"再到"实践教学体系"的过程。在很长一段时间内，人们把实践教学视为课堂教学的延伸和补充，视为"理论之应用"的一个环节。因此，政策文件经常把实践教学置于课堂教学的背景之中。但随着经济社会的发展和教育改革的推进，人们逐渐认识到实践教学的独特作用，认识到实践教学与理论教学有着不同的性质、特点和功能。于是，实践教学开始在政策文件中作为独立的部分，并被视为师范生培养质量的关键环节。与此同时，人们对实践教学内涵与功能的认识也在逐步深入，不仅看到实践教学中学生实践能力方面的作用，还认识到其对学生精神养成、社会情感能力培养等综合素质方面的作用。随着实践教学改革的推进，人们对实践教学的基本要素（课程、教学、资源、平台等）有了更充分的认识，于是开始关注"实践教学体系"的构建与完善。从实践层面来看，从强调实践教学的重要性，到强调实践教学的关键性作用，再到作为量化指标纳入教学工作评估的指标体系，显现了我国教师教育实践教学改革实践的发展历程。实践教学政策在实践层面的发展主要体现在政策内容上。从中央文件来看，1985 年的《中共中央关于教育体制改革的决定》指出，高等学校要增加实践环节。1993 年的《中国教育改革和发展纲要》进一步强调，高等教育要"加强实践环节的教学和训练，发展同社会实际工作部门的合作培养，促进教学、科研、生产三结合"。1999年的《中共中央 国务院关于深化教育改革全面推进素质教育的决定》基于教育与生产劳动相结合是培养全面发展人才的重要途径，强调"各级各类学校要从实际出发，加强和改进对学生的生产劳动和实践教育"，高等学校"要加强社会实践，组织学生参加科学研究、技术开发和推广活动以及社会服务活动。利用假期组织志愿者到城乡支工、支农、支医和支教"。这不仅强调了加强实践教学的重要性，还进一步拓展了实践教学的内涵与具体形式。该文件把加强实践教学的视野拓宽到社会，强调"社会各方面要为学校开展生产劳动、科技活动和其他社会实践活动提供必要的条件，同时要加强学生校外劳动和社会实践基地的建设"。《国家中长期教育改革和发展规划纲要（2010—2020 年）》重申了坚持教育教学与生产劳动、社会实践相结合的基本原则，强调要"注重知行统一",强化实践教学环节。与以往相比,该文件突出强调了实践课程建设和实验室、校内外实习基地等实践教学基本条件建设,更加关注实践教学的质量与成效。此外,该文件还强调了协同育人的新机制,进一步扩大了实践教学政策的执行主体和组织者。2018年《中共中央 国务院关于全面深化新时代教师队伍建设改革的意见》发布。这份新中国成立以来党中央出台的第一个面向教师队伍建设的里程碑式的政策文件,更加关注教师教育实践课程体系建设,强调要根据基础教育改革发展需要,以实践为导向,优化教师教育课程体系,强化实践性课程,强化师范生教学基本功和教学技能训练以及师范生教育实践不少于半年的制度。这表明教师教育实践教学正在走向体系化、制度化、规范化。从部委文件来看,1998年《面向21世纪教育振兴行动计划》提出要积极推进高校教学改革,重点突出高职高专的"实践教学基地"建设。2000年,教育部在《关于实施"新世纪高等教育教学改革工程"的通知》中提出,要开展高职高专专业建设、实践教学体系与实践教学基地建设,对本科教育教学改革则没有提及"实践教学",仅提到"使学生较早地参与科学研究和社会、生产实践"。2001年,本科高校的实践教学问题得到了重点关注,《关于加强高等学校本科教学工作提高教学质量的若干意见》将"进一步加强实践教学,注重学生创新精神和实践能力的培养"作为独立的意见予以单列,并从实验教学、社会实践、参与科研创新活动、实习基地、毕业实习和毕业设计(论文)等方面提出了加强实践教学的要求。从2004年开始,实践教学基本条件建设受到关注。《2003—2007年教育振兴行动计划》提出要加强实验室等基本条件建设。随后,2005年教育部《关于进一步加强高等学校本科教学工作的若干意见》明确要求"大幅度增加实践教学专项经费"。同时,对实践教学的改革逐渐深入,突出实践教学的内涵建设,要求完善实践教学体系,并将实践教学作为教学工作评估的关键性指标。教育部与财政部联合启动实施了"高等学校本科教学质量与教学改革工程"项目,加强和改善实践教学的基本条件,推动实验教学内容改革与实验教学模式创新。此后,国家教育部门不断强化实践教学的内涵建设,不断完善制度规范。例如,2007年发布的《教育部关于进一步深化本科教学改革全面提高教学质量的若干意见》明确提出了实践教学在教学计划中的学时、学分比例要求,要求"确保学生专业实习和毕业实习的时间和质量"。在总结以往经验和相关理论研究成果的基础上,教师教育实践教学本身的制度化、规范化、体系化建设取得了重大进展。教育部也相继出台了《教育部关于大力推进师范生实习支教工作的意见》《教育部关于大力推进教师教育课程改革的意见》。特别是《教师教育课程标准（试行）》的出台和师范生教育实习制度的确立，有力地推动了教师教育实践教学的内涵建设，有效地提升了师范生的培养质量。此后，国家教育部门进行了实践教学的标准化建设，教师教育实践教学体系日益完善。2012 年《教育部关于全面提高高等教育质量的若干意见》明确提出要"分类制订实践教学标准"。2014 年，《教育部关于实施卓越教师培养计划的意见》进一步提出了"建立标准化的教育实践规范""开展规范化的实践教学"，将实践教学贯穿培养全过程，对"实践前—实践中—实践后"全过程提出明确要求，确保实践成效。2018 年，教育部发布并实施的《普通高等学校本科专业类教学质量国家标准》明确了各专业主要实践教学环节的相关教学标准，对专业类实习等环节提出了必修要求，规定了专业实习的形式和实习时间等相关内容，提出了相关考核要求。2018 年，教育部印发了《关于实施卓越教师培养计划 2.0 的意见》，要求"着力提高实践教学质量"，建立健全贯穿培养全过程的实践教学体系，推进教育实践全过程管理。2019 年，《教育部关于加强和规范普通本科高校实习管理工作的意见》对进一步加强和规范普通本科高校实习管理工作做出了规定。这些都表明我国教师教育实践教学的内涵建设进入了新的发展阶段，一个规范化、制度化、标准化、全程化的实践教学体系已经基本形成。

（二）我国教师教育实践教学改革的基本逻辑

我国教师教育实践教学改革是一个逐渐深入的过程，改革的思路是逐渐清晰的。通过梳理分析我国教师教育实践教学进程，我们总结了其所蕴含的基本逻辑和经验。

1. 培养高素质专业化创新型的教师是我国教师教育实践教学改革的基本目标

提高师范生培养质量既是我国教师教育实践教学改革的基本目标，也是我国教师教育实践教学改革的逻辑起点。几十年来，我国不断深入地认识教师教育实践教学，并且始终将其作为培养具有创新精神和实践能力的高素质专业化教师的重要举措。如，2001 年，教育部印发了《关于加强高等学校本科教学工作提高教学质量的若干意见》。该文件指出，进一步加强实践教学的着眼点就是实践教学对提高学生的综合素质、培养学生的创新精神与实践能力具有特殊作用。2012 年的《教育部 国家发展改革委 财政部关于深化教师教育改革的意见》对实践教学环节的强调也是基于"全面提高教师教育质量，培养造就高素质专业化教师队伍"的目标。2018 年，《教育部关于实施卓越教师培养计划 2.0 的意见》发布。该文件提出"着力提高实践教学质量"，其目标也指向"师范生的综合素质、专业化水平和创新能力显著提升"，为培养造就高素质专业化创新型的教师奠定基础。

要通过实践教学达到这一培养目标，我们应从相关政策文件中找寻答案。一是通过实践教学了解国情、了解社会、接触生产实际，培养师范生的社会责任感。早在 1999 年，《中共中央 国务院关于深化教育改革全面推进素质教育的决定》就提出"要加强和改进对学生的生产劳动和实践教育，使其接触自然、了解社会，培养热爱劳动的习惯和艰苦奋斗的精神"。2007 年，《教育部关于大力推进师范生实习支教工作的意见》明确指出，开展师范生实习，强化师范生实践教学是"加强教师养成教育，引导师范生深入基层，了解国情，增强社会责任感和使命感的必要途径"。《教育部关于大力推进教师教育课程改革的意见》提出"大力开展教育实践活动，深入农村中小学，引导和教育师范生树立强烈的社会责任感和使命感。"《教育部关于实施卓越教师培养计划 2.0 的意见》提出，通过开展实习支教等形式，切实培养师范生的职业认同和社会责任感。二是通过实践教学培养师范生的职业道德、基本教学技能和专业实践能力。强化实践教学的初衷就是培养学生的实践动手能力和创新精神。教育部等部门联合印发的《关于进一步加强高校实践育人工作的若干意见》指出，实践教学是学生获取、掌握知识的重要途径。《教育部关于大力推进教师教育课程改革的意见》指出，要通过强化实践环节来加强师德修养和教育教学能力训练，着力培养师范生的创新精神和实践能力。《教育部关于加强师范生教育实践的意见》强调"通过系统设计和有效指导下的教育实践，促进师范生深入体验教育教学工作，逐步形成良好的师德素养和职业认同，更好地理解教育教学专业知识，掌握必要的教育教学设计与实施、班级管理与学生指导等能力，为从事中小学教育教学工作和持续的专业发展奠定扎实的基础"。

2. 建立多元化的支撑体系是我国教师教育实践教学改革顺利进行的重要保障

（1）加强自身体系建设是教师教育实践教学改革的基础性支撑。几十年来，我国教师教育实践教学改革紧紧围绕自身体系建设这一主线，系统设计实践教育教学体系，结合专业特点和人才培养要求，分类制定实践教学标准，不断完善实践教学课程标准，充实教育实践内容，建立标准化的教育实践规范，加强实习基地条件、实习内容审核，深化实践教学方法改革，对实践教学进行全过程管理，使教师教育实践教学质量不断提升。比较有代表性的成果有《教师教育课程标准（试行）》中的实践课程标准和实践教学要求、《普通高等学校本科专业类教学质量国家标准》对各专业实践教学的基本要求和质量标准，以及《师范类专业认证标准》《中学教师专业标准》等。《教育部关于加强和规范普通本科高校实习管理工作的意见》，特别是《教育部关于加强师范生教育实践的意见》，可以说是教师教育实践教学体系建设的集中体现。其有力地推进了规范化实践教学的开展，确保了实践教学的质量。

（2）建立健全实践教学经费保障机制，加大经费投入，加强基本条件建设是我国教师教育实践教学改革的重要物质基础。建立健全实践教学经费保障机制，加大经费投入是加强实践教学工作的根本保障，强化实验室、实验教学中心和校外实习基地建设是开展实践教学的重要条件和基本前提。由于存在对实践教学不够重视、实践教学经费投入不足等问题，我国教师教育实践教学的环境并不理想，这也是造成实践教学环节薄弱的重要原因。2001 年，教育部出台了《关于加强高等学校本科教学工作提高教学质量的若干意见》，规定高校学费收入中用于日常教学的经费一般不应低于 20%，用以保障教学业务、教学仪器设备修理等基本教学经费，还要求高校根据本校实际设立的教学专项经费，加强对教学基础设施建设经费的投入，不断改善扩招后的办学条件。同时，高校要建立和完善校内外实习基地，这对改善实践教学条件具有重要作用。2004 年，教育部召开了第二次全国普通高等学校本科教学工作会议，会议强调要以更多的精力、更大的财力，进一步加强教学工作。《关于进一步加强高等学校本科教学工作的若干意见》进一步提高了教学经费投入方面的要求，规定学校学费收入中用于日常教学的经费不得低于 25%，以便保障教学业务、教学仪器设备修理、教学差旅等教学开支。同时，要大幅度增加实践教学专项经费，尽快改变实践教学经费严重不足的状况，并积极推进产学研合作教育，充分利用国内外资源，不断拓展校际、校企之间、高校与科研院所之间的合作，加强各种形式的实践教学基地和实验室建设。2007 年，教育部和财政部启动实施"高等学校本科教学质量与教学改革工程"，并将改善实验实践教学条件作为重要的建设内容，提出"重点建设500个左右实验教学示范中心，推进高校实验教学内容、方法、手段、队伍、管理及实验教学模式的改革与创新"，同时，"开展基于企业的大学生实践基地建设试点，拓宽学生的校外实践渠道"。《教育部关于进一步深化本科教学改革全面提高教学质量的若干意见》再次要求高校进一步加强对实验实践、图书资料等教学基本条件的投入，并将加强教学基础建设作为重点内容；要求高校要加强教学实验室和校内实习基地的建设，不断改善实验和实习教学条件。《教育部等部门关于进一步加强高校实践育人工作的若干意见》进一步明确了作为实践育人经费投入主体，高校要确保"新增生均拨款和教学经费要加大对实践教学、军事训练、社会实践活动等实践育人工作的投入"。同时，"要积极争取社会力量支持，多渠道增加实践育人经费投入"。《教育部关于全面提高高等教育质量的若干意见》进一步提出"新增生均拨款优先投入实践育人工作，新增教学经费优先用于实践教学"。至此，我国高校本科实践教学经费保障机制基本形成，即一是以学校为主，加大实践教学经费投入，切实保障实践教学工作有效运行；二是积极争取企事业、科研院校等的支持，多渠道筹措经费，加强实验室建设，切实改善实验教学条件；三是以产学研合作为基础，稳步推进校外实践教学基地建设。教师教育实践教学经费保障机制大体相同，如《教育部关于加强师范生教育实践的意见》提出要切实保障教育实践经费投入。首先，地方教育行政部门要加大经费投入力度；其次，开展教师教育的院校要建立师范生教育实习经费保障机制，加大教育实践经费投入，确保满足师范生教育实践任务的需要。同时，要求地方教育行政部门、举办教师教育的院校和中小学校协同建设长期稳定的教育实践基地。《教育部关于实施卓越教师培养计划的意见》《教育部关于实施卓越教师培养计划2.0的意见》以及教育部等五部门联合印发的《教师教育振兴行动计划（2018—2022年）》均提到以地方政府、高校和中小学"三位一体"协同育人机制为依托，建立稳定的教育实践基地和教育实践经费保障机制，积极推进教师教育专业教学实验室、师范生教育教学技能实训、校外教育见习实习基地等方面的建设，大力改善实践教学条件。

（3）多主体参与的协同合作机制是我国教师教育实践教学改革的重要制度保障。从现有政策来看，构建高校、地方教育行政部门、中小学"三位一体"的协同培养机制既是高校顺利开展实践教学的重要制度保障，也是我国教师教育实践教学改革的重要支撑点。加强实践教学是推动产学研合作的重要动力。1993 年，《中国教育改革和发展纲要》印发。该文件指出，高等教育要"发展同社会实际工作部门的合作培养""促进教学、科研、生产三结合"。《中共中央 国务院关于深化教育改革全面推进素质教育的决定》进一步提出"高等教育实施素质教育，要加强产学研结合，大力推进高等学校和产业界以及科研院所的合作，鼓励有条件的高等学校……在企业建立实习基地"。上述中央文件的鼓励推动了产学研合作教育的发展，为多主体参与实践教学的机制奠定了重要基础。随着高等教育改革的不断深入，多主体参与的机制已经突破了共建实践教学基地的范围。例如，为进一步做好免费师范生教育工作，教育部于 2009 年在六所直属师范大学实施"教师教育创新平台项目计划"，探索建立教师教育实验区，强化教育实践环节、推进师范生实习支教。《国家中长期教育改革和发展规划纲要（2010—2020 年）》明确提出要"创立高校与科研院所、行业、企业联合培养人才的新机制"。《国务院关于加强教师队伍建设的意见》也要求"创新教师培养模式，建立高等学校与地方政府、中小学（幼儿园、职业学校）联合培养教师的新机制"。2014 年，教育部实施"卓越教师培养计划"，初步对高校、地方政府、中小学"三位一体"协同培养师范生新机制的内涵做了阐述，并明确了三方责任与分工，即"地方政府统筹规划本地区中小学教师队伍建设，科学预测教师需求的数量和结构，做好招生培养与教师需求之间的有效对接。高校将社会需求信息及时反馈到教师培养环节，优化整合内部教师教育资源，促进教师培训、研究和服务一体化。中小学全程参与教师培养，积极利用高校智力支持和优质资源，促进教师专业发展"。2018 年，《教育部关于实施卓越教师培养计划 2.0 的意见》进一步提出完善全方位协同培养机制，着力推进培养规模结构、培养目标、课程设置、资源建设、教学团队、实践基地、职后培训、质量评估、管理机制等全流程协同育人。至此，高校、地方政府、中小学"三位一体"协同培养的机制基本形成，为教师教育实践教学改革提供了重要制度保障，开辟了新的更宽阔的空间。主要表现为以下几个方面。

首先，充分利用各种资源，共建实验室、实践教学基地，始终是产学研合作协同育人机制的基本内容。这在多个政策文件中都有体现，如《关于进一步加强高等学校本科教学工作的若干意见》强调要不断拓展高校、企业、科研院校等之间的合作，加强各种形式的实践教学基地和实验室建设；《教育部等部门关于进一步深化本科教学改革全面提高教学质量的若干意见》强调，要加强产学研密切合作，积极拓宽大学生校外实践渠道，与社会、行业以及企事业单位共同建设实习、实践教学基地；《教育部等部门关于进一步加强高校实践育人工作的若干意见》提出可采取校所合作、校企联合、学校引进等方式，加强实践育人基地建设；《教育部关于大力推进师范生实习支教工作的意见》提出，高师院校要会同基层教育行政部门，建立相对稳定的师范生实习基地。

其次，共同制定人才培养方案，共同开发、建设实践课程教学资源既是多主体参与实践教学机制的重要内容，也是多主体深度参与实践教学的具体表现。《教育部关于加快建设高水平本科教育全面提高人才培养能力的意见》提出构建全方位、全过程深度融合的协同育人新机制，健全培养目标协同机制，与相关部门联合制定人才培养标准，完善人才培养方案，健全资源共享机制，推动将社会优质教育资源转化为教育教学内容。《教育部关于加强师范生教育实践的意见》要求高校制定中小学教育实习课程标准、实施计划、实习手册、评价标准等工作规范。《教育部关于实施卓越教师培养计划 2.0 的意见》提出要及时吸收基础教育、职业教育改革发展的最新成果，开设模块化的教师教育课程，精选中小学教育教学和教师培训优秀案例，建立短小实用的微视频序和能够进行深度分析的课例库。

最后，提高教师实践教学能力，共同建设"双师型"教师是多主体参与实践教学机制的重要支柱。一方面，打造一支既具备理论教学，又具有实践教学能力的"双师型"队伍是实践教学改革的关键。另一方面，打通理论教学和实务操作，提高教师实践教学能力，推进"双师型"教师培养工作也是多主体深度参与实践的重要表现和师资基础。《教育部等部门关于进一步加强高校实践育人工作的若干意见》提出，鼓励教师增加实践经历，参与产业化科研项目，积极选派相关专业教师到社会各部门进行挂职锻炼。《教育部关于实施卓越教师培养计划的意见》指出，要建立教师教育师资队伍共同体，聘请中小学、教研机构、企事业单位和教育行政部门的优秀教育工作者、高技能人才到高校担任兼职教师，从事卓越教师培养工作。《教育部关于实施卓越教师培养计划 2.0 的意见》进一步提出"高等学校与中小学师资互聘，建立健全高校与中小学等双向交流长效机制"，明确要求共建中小学名师名校长工作室、特级教师流动站、企业导师人才库等，建设一支长期稳定、深度参与教师培养的兼职教师教育师资队伍。《教育部关于加快建设高水平本科教育全面提高人才培养能力的意见》要求健全教师队伍协同机制，促进双向交流，提高实践教学水平。《教师教育振兴行动计划（2018—2022 年）》再次明确要求"推进高校与中小学教师、企业人员双向交流",采取双向挂职、兼职等方式,建立教师教育师资共同体。此外,还要通过组建中小学名师工作室、特级教师流动站、企业导师人才库,充分发挥教研员、学科带头人、特级教师、高技能人才在师范生培养方面的重要作用。

3. 充分利用信息技术是我国教师教育实践教学改革的重要抓手

信息技术对教育发展具有革命性影响,它是实践教学的手段和教学内容的载体,能够丰富实践教学模式,提升实践教学管理水平,拓宽实践教学空间。因此,我们要充分利用和发挥信息技术在教师教育实践教学改革中的作用,让信息技术成为人们的基本共识和重要抓手。《教育部关于实施卓越教师培养计划的意见》指出,要"建设教育实践管理信息系统平台,探索教育实践现场指导与远程指导相结合的新模式"。《教育部关于实施卓越教师培养计划 2.0 的意见》对深化信息技术助推教师教育实践教学改革提出了更为具体的要求。例如,推动人工智能、智慧学习环境等新技术与教师教育课程的全方位融合,充分利用虚拟现实、增强现实、混合现实等,建设开发一批交互性、情境化的教师教育课程资源。再如,利用大数据、云计算等技术,对课程教学实施情况进行监测,有效诊断和评价师范生学习状况和教学质量,为教师、教学管理人员进行教学决策、改善教学计划、提高教学质量、保证教学效果等提供参考依据。《教育部关于加强师范生教育实践的意见》提出,要充分利用信息技术手段,开发优质教育实践资源,组织师范生参加远程教育实践观摩与交流研讨,探索建设师范生自主研训与考核数字化平台。《教育部关于加快建设高水平本科教育全面提高人才培养能力的意见》明确提出,要推进现代信息技术与教育教学深度融合,大力推进虚拟仿真实验建设,提高实验教学质量和水平。

第三节 我国教师教育实践教学改革的未来发展

近几十年来,我国教师教育实践教学政策在总体上取得了较为显著的执行效果,教师教育实践教学经费保障机制日益完善,实践教学环境和条件也得到了显著的改善,特别是构建起了"高校—地方政府—中小学"三位一体的协同育人机制,建立了贯串全过程的实践教学体系,如以师范生专业实践能力培养为核心的实践教学目标体系、全方位设计的实践教学内容体系、全过程的实践教学运行管理体系，以及多方参与的教育实践考核评价体系。实践教学质量的显著提升，为造就高素质专业化创新型教师队伍奠定了重要基础。

这些政策文件多采用"意见""通知"等形式发布，具有指导性、针对性和原则性特征，可以较好地保证地方执行政策时的一致性，但也导致了灵活性略显不足。同时，就政策内容来说，不同政策文本具有一定的耦合性，这表明我国政府在教师教育实践教学政策制定上具有较大的相似性与较强的原则性。但由于政策背景、目标各有不同，政策文本的内容特征又表现出一定的差异性，特别是在政策工具选择方面过于依赖权威命令型的工具，对供给能力型、自愿学习型等政策工具运用较少。因此，我国政府应紧跟时代变革步伐，紧紧围绕造就高素质专业化创新型教师队伍的核心目标，进一步优化完善教师教育实践教学政策体系，推动教师政策体系的创新与发展，加强政策的法律保障，根据实际情况，组合应用多样化的政策工具，不断提升实践教学政策工具的实效性，推动实践教学高质量发展。

基于我国教育发展的需要和对教师教育整体改革趋势的观照，我国教师教育实践教学仍需要重点解决以下几个方面的问题。

一、落实以学生为中心的价值理念，促进师范生整体发展

尽管实践教学与理论教学既有不同的性质，又有不同的课程体系和教学形式，但其根本上都是教学，都是培养人的社会活动。因此，教师教育实践教学工作的根本任务还是立德树人。我们不能将实践教学简单地理解为提高教师的职业技术能力，而是要关注师范生长远的职业发展，关注个性品质与创新精神和职业伦理道德、事业精神的培养。从现实情况看，当前的教师教育实践教学仍存在严重的技术化倾向，人们对教师教育实践教学的价值理解较为狭隘，过于关注师范生职业技能训练和专业实践能力培养，总是有意或无意地忽视教师专业精神的培养、专业伦理责任的教育，以及对教育理论的学习，把实践教学等同于程式化的"生产流程"。教育是道德的事业，具有厚重的伦理底色，因而我们对师范生的培养不能走单纯的技能型专业化路线，并且要避免陷入"技术—理性"主义的泥潭。只有摒弃那种以牺牲专业伦理为代价、单纯追求教学技术的专业化发展模式，注重师范生专业发展的内在需要，增进师范生从事教育实践的伦理素养和职业精神，才能更好地回答"为谁培养人""培养什么样的人"等核心问题。这就要求未来教师教育实践

教学政策必须改变知识主义、职业主义、技术理性的倾向。

面对社会多样化的需求，实践教学首先应该满足职业技能需要，虽然现代大学教学具有目标多元性，但大学不是风向标，不能什么流行就迎合什么。大学必须时常为社会提供一些它需要的东西，而不是它想要的东西①。在科学技术日益发达的现代社会，大学教学技术化的风险与日俱增，人们容易淡化实践教学的智力价值与伦理目标，但只要教师教育实践教学不停留在片面的知识目标与技能培养方面，认真落实以学生为中心的价值取向，从学生主体需求出发，关注完整的发展目标，体现实践教学的全面性、主体性与主动性，就一定能够促进学生自主、全面、个性发展。

二、强化和完善实践教学目标体系建设，促进师范生实践智慧发展

明确实践教学目标体系，对深化教师教育实践教学改革、提高实践教学质量具有十分重要的意义。因此，相关政策非常重视教师教育实践教学的目标建设，如《教育部关于大力推进师范生实习支教工作的意见》提到：师范生教育实习是"加强教师养成教育，引导师范生深入基层，了解国情，增强社会责任感和使命感的必要途径"。《教育部关于加强师范生教育实践的意见》将明确教育实践的目标任务作为加强师范生教育实践的首要内容，对教师教育实践教学的目标阐述得更为详细。"举办教师教育的院校要围绕培养适应中小学教育教学需要、高素质专业化的'四有'好教师的目标要求，通过系统设计和有效指导下的教育实践，促进师范生深入体验教育教学工作，逐步形成良好的师德素养和职业认同，更好地理解教育教学专业知识，掌握必要的教育教学设计与实施、班级管理与学生指导等能力，为从事中小学教育教学工作和持续的专业发展奠定扎实的基础。"不难发现，我国教师教育实践教学的目标既是比较明确的，又是多方面的。但从总体上来看，其重视师范生职业技能训练和专业实践能力培养，但对专业精神培育和职业情操的培养不够关注；重视实践教学的社会价值，而对个体的内在价值关注不够。因此，教师教育实践教学政策应该进一步强化和完善相关目标设计。一是丰富师范生对生活世界和现实社会的认识，增进社会认同。人的实践活动的发展推动着

---

① 弗莱克斯纳. 现代大学论：美英德大学研究 [M]. 徐辉，陈晓菲，译. 杭州：浙江教育出版社，2001：3.

现实世界的不断生成，而不断生成的现实世界又会成为人进行实践活动的前提。① 实践教学就是要引导学生走出观念或理念世界的藩篱，真实地面对现实世界，在理解和把握现实世界的基础上改造现实世界，从而改造自身，提升自己理解和把握生活世界和现实社会的能力。"人有现实的、感性的对象作为自己本质的即自己生命表现的对象；或者说，人只有凭借现实的、感性的对象才能表现自己的生命。"② 这就是说，人对世界和社会的把握需要通过实际的观察和亲身经历来达成，因此，我们要尊重人的感性体验。正是在这个意义上，丰富师范生对生活世界和现实社会的感性认知，使其增进社会认同，既是实践教学的内容，又是实践教学的目标。二是提升师范生的实践理性，增强其实践判断能力。实践教学不仅要使人获得生存的技能，还要提升人的品质、提升人的实践理性。实践理性是运用逻辑思维形式针对人类应该如何处理人与自然、人与人、人与社会、人与自我的关系，即如何行动才是合目的的、合规律的而预设的能力及其成果。它的主要任务是回答世界应当如何、人应当如何的问题，为人的实践活动确立主体、对象、目的、目标、原则、工具等，着眼于主体和客体的改造，并通过这种改造达到人与世界的和谐相处。实践理性是适应人的自由自觉活动的内在要求，是按照自己的目的实际地改造世界而生成和发展的。一方面，实践活动是在实践理性的引导下有目的地、能动地处理人与世界关系的活动；另一方面，实践理性来源于实践活动。③ 因此，在实践教学中，我们必须增强师范生实践理性精神，建构其正确的实践理性观，增强其正确的实践判断能力，以使其在实践教学中不断建构、体认自身价值和追求，从而形成应有的社会责任感和伦理意识。④ 事实上，人的实践活动会随着实践对象、情境和人自身的变化而改变，因而如果将具体的实践活动变成某种理论的简单应用，就会犯教条主义的错误。阿伦特认为，人的"不思想"与"不判断"所造成的灾难远远大于人作恶本身的危害的总和。⑤ 在社会快速发展和教育变革加剧的时代，培养师范生实践判断的能力是尤为迫切的。在具体的教育教学实践活动中，教师常常囿于自身的利益、愿

---

① 徐继存. 实践教学的理性［J］. 山东师范大学学报（社会科学版），2020，65（3）：64-71.

② 卡尔·马克思. 1844 年经济学哲学手稿［M］. 中共中央马克思恩格斯列宁斯大林著作编译局，译. 北京：人民出版社，2014：103.

③ 王炳书. 实践理性论［M］. 武汉：武汉大学出版社，2002：207.

④ 张英彦. 论高校实践教学目标［J］. 教育研究，2006（5）：46-49，58.

⑤ 徐继存. 实践教学的理性［J］. 山东师范大学学报（社会科学版），2020，65（3）：64-71.

望、角度和立场，失去他者视野，导致诸多不良教育问题和学生问题的产生。因此，我们不仅要通过实践教学教给师范生基本的职业技能，还要重视培养师范生的实践理性判断能力，以使其在面临复杂多变的教育教学情境时，能更好地规划自己的行动、进行实践反思，从而促进自身综合素质、创新精神和实践能力的发展。三是注重师范生养成实践态度，促进师范生实践智慧生成。面对现实生活世界，人应该始终秉持实践的态度，反对任何脱离实践的理论构造活动。凡是把理论引向神秘主义的神秘东西，都能在人的实践中、在对这个实践的理解中得到合理的解决。① 所谓实践态度，就是人作为人的自我意识，就是人作为人的直接现实意识和感性活动意识。这种意识绝不崇拜任何东西，它既含有肯定现实世界的理解，又含有对现实世界的否定性理解。其致力于对现实世界的改造，寻求的是人自身的解放。实践态度是对理论神秘化的破除，是对理论本身的一种超越，具有鲜明的批判性和革命性。② 因此，在实践教学中，我们要注重引导师范生以实践的态度对待一切理论活动及其产物，自觉地增强实践意识，不做现实世界的辩护者或犬儒主义者。这是因为，真正的教育就是智慧的训练，教育的全部目的就是使人具有活跃的智慧③。从本质上讲，实践智慧是一种践行的知识、一种能力、一种善的追求。④ "因为没有实践智慧，我们就根本无法理解我们时代的本质和问题，也根本无法知道我们自己在其中的位置和任务。实践智慧正可以使我们作为真正的人对自身、人类和世界有清醒的意识。"⑤ 在实践智慧的生成过程中，起关键作用的是人的实践经验。因此，我们必须通过实践教学引导师范生形成实践智慧，以使其能用实践智慧善待生命，用知识造福人类社会。

　　较之目标内容设计，我们需要更关注实践教学目标达成路径的设计。从目前的政策来看，教师教育实践教学目标达成路径的设计还存在不少缺陷，地方教育行政部门、中小学校等其他主体社会的职责没有明确，难以与高校真正形成合力。

---

　　① 中共中央马克思恩格斯列宁斯大林著作编译局. 马克思恩格斯选集：第 1 卷 [M]. 北京：人民出版社，2012：135-136.

　　② 同②

　　③ 怀特海. 教育的目的 [M]. 徐汝舟，译. 北京：生活·读书·新知三联书店，2002：54.

　　④ 同①

　　⑤ 洪汉鼎. 论实践智慧 [J]. 北京社会科学，1997（3）：4-12.

三、优化和完善多位一体协同育人机制，改善实践教学的实施环境

随着《教育部关于实施卓越教师培养计划的意见》等政策的实施，多位一体的师范生协同培养机制逐步确立。从实践来看，协同培养机制有多种类型。其中，比较典型的是"三位一体"和"四位一体"两种协同培养模式。"三位一体"是指，通过高校、地方政府和中小学三方的通力合作，提高师范生培养质量与教师的专业发展水平。"四位一体"是指，在地方政府的引导下，整合高校教师教育和基础教育优质资源，通过高校、区县教育行政部门和教师发展中心、中小学等多方的合作配合，形成教师教育人才协同发展新体系。无论哪种模式或类型，均强调多方参与主体的协同作用，因而可以将其统称为"多位一体"教师教育人才协同培养模式。多位一体协同育人机制的确立，有力地推动了区域教师教育资源的优化和重组，为教师教育实践教学提供了重要的实施环境，有效地提升了师范生培养的质量。但是，受到多种因素的影响，在多主体协同培养过程中依然存在很多现实问题。首先，各方主体具有独特的情感、意识、行为方式和利益诉求。虽然在宏观层面，国家为多方协同合作提供了政策支持，但在微观层面，具体方案的实施仍较为缺乏，从而导致各方的职能与地位关系边界模糊，尚未形成协同支持体系。各方主体作为"理性人"，为了自身利益的最大化，都希望对方满足自身需求，而不给予对方足够的支持。其次，各方主体的文化习惯不同，因而存在场域文化隔阂，甚至冲突。多位一体的协同培养机制奉行互惠共赢的理念，强调各方主体在合作关系网络中的平等协作关系。但由于文化、资源和制度背景等方面存在差异，不同主体在实际合作中的关系是不平等的，致使不同主体在对待同样的教师教育问题时产生不同的实践行为，从而难以建立真正的合作共生关系。最后，主体之间缺乏有效的监管机制。在现行体制下，不同的主体分属于不同的关系体系，协同机制缺乏相关的具体规定，缺乏对多方长期性、持续性、有效性的管理机制。此外，对各方的评价考核和激励制度尚不完善，缺乏连续的跟踪评估制度，未能充分发挥不同主体的积极性和主动性。

基于上述分析，未来的教师教育实践教学必须按照凝聚共识、合作共赢、利益共生的理念，进一步优化和完善多位一体的协同育人机制，激发不同主

体的主动性和积极性，促使各方深度合作、交互创生，为提升教师教育质量
做出更大贡献。首先，要进一步构筑教师教育实践教学的共同愿景，凝聚实
践教学主体共识，强化公共价值认同。多位一体的协同培养机制必须建立在
尊重平等、互利共赢的基础上。凝聚主体之间的合作共识和向心力至关重要，
因此，我们应在政策宣传教育、相关制度建设等方面进一步强化价值认同，
促使多方主体真正建立融入感、一体感。其次，要明确地方政府责任，建立健
全保障机制。在多位一体的师范生协同培养机制中，政府具有权威性与强制
性，是多位一体协同培养行动网络中的核心行动者。[1] 政府应当围绕师范生协
同培养的共性问题，结合不同主体的利益诉求，出台具有可操作性的教师教
育实践教学改革政策法规和制度，进一步细化完善有关规则，把各方主体在
教师教育实践教学体系中的责任纳入法治化轨道，运用多种措施积极引导其
他主体开展有序合作，有效统合各方目标的差异及价值观的分歧，形成协同
合作的内生性动力，保障协同机制的稳定性、长期性和有效性。再次，要明
确多方主体的利益诉求，构建对话交流机制。除了价值观念、文化背景和制
度等的差异之外，各方主体在教师教育实践教学中之所以存在隔阂、疏离或
冲突，还是因为缺乏相应的对话沟通协调机制。从复杂性理论的视角来看，
协同培养机制是一个要素众多、结构复杂、与环境密切联系的组织。其呈现
出多角度、多层次、多变量彼此交互和联结的复杂图景。其是一个开放的、
复杂的社会系统。[2] 在教师教育实践教学的过程中，各主体之间需要进行良好
的沟通协调。对话、协商与分享不仅是共同体的文化基础，还是实现共同体
运转、更新与成长的文化力量。其可以形成一种具有巨大影响力的精神性因
素，进而促使成员产生身份、情感层面的归属感和自我感，体悟彼此之间默
契与关怀。[3] 因此，我们应秉持多元价值诉求，在尊重不同主体价值诉求的基
础上加强对话，在互动交流中不断实现不同主体的利益最大化，并在碰撞和
交融中催生和重构出一种新的合作文化。最后，要着力建立健全考核评价和

① 童汝根，谭洁，王红. 行动者网络视域下教师教育人才协同培养路径探讨 [J]. 广东第二师范学院学报，2021，41（2）：41-49.
② 罗曼. 复杂性理论视域下 U-G-S 教师教育共同体的构建：基于教师教育创新实验区建设的实践与思考 [J]. 高教学刊，2020（12）：21-24.
③ 朱桂琴. 论教师职前实践教学共同体的发展趋向及建构 [J]. 国家教育行政学院学报，2016（11）：76-81.

监控机制。建立健全考核评价机制。监督、激励不同主体的合作活动是确保多位一体协同培养机制有效运行的关键。因此，建立多主体参与协同培养师范生的长期追踪式评估体系，并对协同活动质量及师范生成长进行发展性评价和动态绩效评价，可以促进不同主体更好地投入协同育人活动。

四、优化完善实践教学内容体系，丰富实践教学形式

课程内容体系既是教师教育实践教学的核心，也是实践教学目标和人才培养总目标得以落实的主要载体。《教育部关于大力推进教师教育课程改革的意见》《教师教育课程标准（试行）》等文件初步形成了以"职业基本技能训练、教育观摩与见习、教育实习"等为主要内容的教育实践课程体系，《教育部关于加强师范生教育实践的意见》进一步明确提出了构建全方位的教育实践内容体系，"将教育实践贯穿教师培养全过程，整体设计、分阶段安排教育实践的内容，精心组织体验与反思，促进理论与实践的深度融合"；并指明了师范生教育实践课程的基本内容框架，即"以教育见习、实习和研习为主要模块，构建包括师德体验、教学实践、班级管理实践、教研实践等全方位的教育实践内容体系"。《教育部关于实施卓越教师培养计划2.0的意见》再次强调要"建立健全贯穿培养全程的实践教学体系，确保实践教学前后衔接、阶梯递进，实践教学与理论教学有机结合、相互促进"。可以说，虽然教师教育实践教学内容体系的整体性得到了显著提升，但对照基础教育的需求和教师教育事业改革的实际来看，还有不少问题需要解决。比如，从实际情况来看，教师教育实践教学内容体系主要还是由高校包揽。地方教育行政部门，特别是中小学校，参与这一体系的程度偏低。再如，尽管现行政策明确规定了师范生实践教学的内容，但教学实践还是一方独大。师德体验、班级管理实践、教研实践等内容都存在不同程度的弱化，实践教学内容极其不均衡。更何况，这种内容设计本身还存在重专业能力、轻文化底蕴的不足，带有明显的去生活化倾向。目前的实践教学内容体系过于宏观，不仅对不同年级、不同阶段、不同活动等方面不够关注，还对校外课外活动等非正式实践课程不够关注。这些问题的存在使得师范生实践教学成为一种"劳作"，而不是"生活"的职业训练，简化甚至忽视了师范生与社会的关联性，割裂了师范生体味社会生活、体悟人性的条件，既无法启发师范生从社会公共性的角度来

审视自身当前的学习与未来从事教育事业的关系，也无法使师范生领会到教师作为知识分子这一角色应具有的悲天悯人的情怀和应承担的社会使命，致使师范生难以形成现代社会应有的文化包容性、敏感性以及相应的社会良知与责任担当，最终使师范生成为社会公共领域内麻木的"边缘人"。① 因此，未来的教师教育实践教学内容体系需要多主体共同参与，高校、地方政府、中小学等应协同起来对实践教学的整个内容体系进行合理规划、优化和完善，甚至重构。首先，要结合师范生人才培养总目标和实践教学目标，丰富、细化实践教学的内容体系，包括不同年级、不同阶段、不同课程、不同活动等在知识、能力、情感态度价值观等方面的具体内容。其次，要在微观层面上精雕细琢名师观摩、校内见习、实训等实践教学环节，从各个环节中精选出具有特色的教学内容模块；从课内到课外、校内到校外等方面对师范生教育全程培养模块进行纵横比较、衔接，并遵照模块之间的内容逻辑关系，形成全面、多元、立体的内容知识面。要在宏观层面上通过多位一体的协同育人机制实践教学内容并进行创造性的整合，以形成具有多元主体、多维内容、全程动态的实践教学内容体系。② 最后，要夯实师范生教育实践的文化基础，以文化基础和实践智慧为核心统领实践教学内容体系，系统地对实践教学各个环节、各个阶段进行具体设计，以使文化反思成为师范生实践教学内容变革的重要基础，从而培养师范生人文积淀与情怀、审美情趣、理性批判精神、社会责任感等，奠定师范生成长与发展的人文底蕴，切实提高实践教学的质量与品质。③

五、完善"双导师制"，切实加强实践教学师资队伍建设

指导教师队伍建设既是我国教师教育实践教学的重要内容，也是推进实践教学改革的重要保障。《教育部关于大力推进师范生实习支教工作的意见》要求高校选派骨干教师担任实习支教的指导教师。《教育部关于实施卓越教师培养计划的意见》在建立高校、地方政府、中小学"三位一体"协同培养新

---

① 朱桂琴. 核心素养视域下的师范生实践教学变革：方向、困境与路径 [J]. 教育发展研究，2017，37（12）：46-51.

② 朱桂琴. 论教师职前实践教学共同体的发展趋向及建构 [J]. 国家教育行政学院学报，2016（11）：76-81.

③ 同①

机制的基础上，进一步提出了实行高校教师和中小学教师共同指导师范生的"双导师制"。《教育部关于加强师范生教育实践的意见》提出全面推行教育实践"双导师制"，要求举办教师教育的院校安排足够多责任心强、教学经验丰富、熟悉中小学教育教学实践的教师，采取驻校指导、巡回指导、远程指导等多种方式进行有效指导；要求其与地方教育行政部门、中小学协同遴选优秀教研员和中小学教师担任指导教师。至此，双导师制成为师范生实践教学指导的基本形态。尽管，双导师制的实施有效强化了教师教育实践教学的指导力量，提高了师范生实践教学质量。然而，在具体实践过程中，"双导师"对师范生的指导并不到位。高校指导教师对师范生教育实践活动的指导集中在组织安排学生的实践时间和学校、参与沟通实习实践学校等工作上，参与听课、评课的比例则较低。对高校指导老师而言，其常年工作于大学校园，对大学教育现状及情况十分熟悉，对中小学实践教学实际情况的认识则较为缺乏，致使他们不能到位地指导师范生的教育实践。同时，高校教师不仅要完成大学授课任务，还承担着科研任务和工作，这使得他们无法保证对师范生进行教育实践的指导时间。对实习学校的教师来说，指导师范生并不是他们的本职工作。其要承担的教育教学任务和其他工作较为繁重，因而没有足够的时间和精力去指导师范生。如何落实双导师制、加强实践教学指导已经成为一个值得关注的重要问题。因此，未来的教师教育实践教学政策需要进一步强化政策导向，加强指导教师遴选，切实把培养指导师范生情况作为高校教师考核评价和职称晋升、中小学工作考核评价和特色评选、中小学教师评优和职称晋升、中小学特级教师和学科带头人评选、名师名校长遴选培养的重要依据。同时，在协同育人机制框架下，高校与中小学、教研机构要加强合作，通过协同教研、定期培训等多种形式，不断提高指导教师的专业化水平和实践指导能力。因此，其应适当减少指导教师日常教育教学的工作量、提高指导教师的指导酬劳。最后，要构建以全方位指导为核心的导师责任制，明确指导内容与指导质量标准，加强考核评估。

六、深化信息技术与实践教学的深度融合，不断拓展实践教学新空间

互联网信息技术的发展使得实践教学的内涵、场所、方式等发生了一系列新的变化。其为高校、地方政府、中小学协同开展实践教学提供了一个纽

带和管理平台。深化信息技术与实践教学的深度融合是信息技术赋予"实践教学"的一种新的解决方案。其要求我们必须重视基于互联网信息技术的实践教学系统和实践教学空间的建构。从国家现行的政策来看，信息技术在促进教师教育实践教学改革中的作用日益突出。《教育部关于实施卓越教师培养计划的意见》提出建设教育实践管理信息系统平台，探索教育实践现场指导与远程指导相结合的新模式。《教育部关于加强师范生教育实践的意见》提出要充分利用信息技术手段，开发优质教育实践资源，组织师范生参加远程教育实践观摩与交流研讨，探索建设师范生自主研训与考核数字化平台，不断丰富创新教育实践的形式。这个阶段主要从丰富教师教育实践教学模式的角度强调信息技术的重要性。《教育部关于实施卓越教师培养计划2.0的意见》从提升实践教师教育教学管理水平、助推教师教育课程教学创新等角度提出了新的要求。该文件一方面从实验教学、校内实训、实践教学全程管理等方面做出了具体部署，提出要推进师范专业教学实验室、师范生教育教学技能实训教室和师范生自主研训与考核数字化平台建设，强化师范生教学基本功和教学技能训练与考核，建设教育实践管理信息系统平台，推进教育实践全过程管理；另一方面，其强调了要推动人工智能、智慧学习环境等新技术与教师教育课程的全方位融合，充分利用虚拟现实、增强现实、混合现实等技术，建设开发一批交互性、情境化的教师教育课程资源和精品在线开放课程，推广翻转课堂、混合式教学等新型教学模式，利用大数据、云计算等技术，对课程教学实施情况进行监测，有效诊断评价师范生学习状况和教学质量。不难看出，信息技术正在为教师教育实践教学改革提供新机遇、拓展新空间。因此，教师教育实践教学政策应充分发挥互联网信息技术的优势，开发和集成基于师范生实践教学的数字化学习资源，特别是高校与中小学合作构建远程互动课堂、名师课堂等云服务平台，开展远程见习、自主训练、在线模拟等，建立健全基于网络的实践教学指导体系和管理系统，创建虚实高度融合的信息化教学环境。

七、完善实践教学质量监控机制，全面强化质量管理

质量监控机制是推动教师教育实践教学持续改进、提升师范生培养质量的重要保障。因此，近年来，我国非常重视教师教育专业实践教学质量监控机制建设，不断完善实践教学各项工作的质量标准。《普通高等学校师范类专

业认证实施办法（暂行）》明确提出了构建中国特色、世界水平的教师教育质量监测认证体系，全面保障、持续提升师范类专业人才培养质量。《教育部关于实施卓越教师培养计划2.0的意见》强调要推动高校充分利用信息技术等多种手段，建立并完善基于证据的教师培养质量全程监控与持续改进机制和师范毕业生持续跟踪反馈机制，以及中小学、教育行政部门等利益相关方参与的多元社会评价机制，定期对校内外的评价结果进行综合分析并将其应用于教学，推动师范生培养质量的持续改进和提高，形成追求卓越的质量文化。《教育部关于加强师范生教育实践的意见》对具体的实践教学质量评价提出了明确要求，强调完善多方参与的教育实践考核评价体系。开展教师教育的院校要以指导教师评价为主，兼顾同伴评价、自我评价、学生评价和实践基地评价，综合运用课堂观察、学生访谈、教育实践档案分析等方式，全面、客观地评价师范生教育实践。还应探索建设师范生教育实践管理系统和教师成长数字化档案，形成从职前培养到职后培训的教师专业发展档案库。质量标准与质量监控机制的建设加强了教师教育实践教学规范，确保了实践教学质量。然而，从实际情况来看，实践教学质量还存在监测评估内容过于简单、缺乏证据支持、有效性不强、缺少过程性评价、监控反馈不及时等问题。可以说，质量标准不明确、评价指标体系不健全仍是我国教师教育实践教学不得不面对的一个现实问题。因此，未来教师教育实践教学政策必须进一步加强质量监控体系建设，全面提升师范生培养质量。首先，充分利用信息技术构建以学生为主体的基于证据的多元化信息采集方式，通过问卷调查、座谈、访谈、测试等多种以学生为主体的信息采集方式，建立基于证据的实践教学质量反馈信息数据库，为实践教学质量监控机制提供来自数据系统的强大支持。同时，为实践教学前、中、后的反馈信息数据建立关联，将相同类型的数据进行链接，从而为师范专业实践教学质量监控机制正常运行提供可靠的证据支持。[①] 其次，要完善多渠道反馈、动态改进的实践教学监控机制。实践教学质量反馈途径的畅通和关联是教师教育实践教学质量保障的重要环节，因此要进一步优化反馈途径的组织架构，充分沟通、相互协商，采取有效措施，对实践教学进行动态调控和改进。再次，要构建师范生教育见习、实习和研习的质量标准，改革教育实践

---

① 莫嫘，苏安，覃奠仁. 地方高校师范专业实践教学质量反馈调控机制构建研究［J］. 教育教学论坛，2020（41）：1-3.

过程中质量评价的实施方案，从制度的角度明确师范生教育实践的具体要求、实践任务和质量评价办法。[①] 最后，加大评估考核力度，对高校、地方政府、中小学实行有效监督，促使他们根据分工各司其职，协力做好教师教育实践教学工作。[②]

---

① 沈忠华. 师范生实践教学标准构建与质量评价研究 [J]. 湖南师范大学教育科学学报，2019，18（3）：111-117.

② 时伟. 高师院校实践教学体系的生成与运行 [J]. 教师教育研究，2012，24（5）：1-6.

第二章 应用型本科高校教师教育 专业实践教学改革

近年来，随着教师教育改革进程的加快和师范生就业问题的凸显，各级各类教师教育院校纷纷进行实践教学改革，加大职前教师教育实践类课程比重，全面强化微格教学训练、教育见习、研习、实习等实践教学环节，建立多层次、多形式、一体化的师范生实践教学体系。由此，职前教师教育实践教学改革探索取得了显著进展。然而，在推进职前教师教育实践教学的过程中，还存在不少问题。

第一节 应用型本科高校教师教育 实践教学的基本认识

应用型本科高校教师教育专业人才培养的基本定位

应用型本科教育既是我国高等教育的一种基本类型，又是职业教育的本科阶段，它既不同于一般四年制的普通本科，又不同于专科层次的高职。以培养应用型人才为主、以培养本科生为主、以教学为主、以面向地方为主是应用型本科高校的共同特点[①]。这些特点要求应用型本科高校在办学过程中坚守大学的基本共性，保持本科教育的基本水准；要求其彰显应用特性，注重课程教学与产业、企业和职业需求相衔接，突出实践能力培养。

基于上述基本认识，我们认为，应用型本科高校的教师教育专业必须明确应用型人才培养定位。应用型人才既要具备本科职业教育扎实的、系统的、

---

① 罗明东. 州市地方本科高校"转型"发展的基本策略与主要路径［J］. 楚雄师范学院学报，2015，30（4）：1-9.

完整的学科专业理论基础，又要具备较强的应用技术能力。教师教育类专业作为地方应用型本科高校重要的专业群，需要在综合学习专业理论的基础上，提高教育教学理论水平，注重综合实践能力培养，强化教育教学实践领域的思维能力和实践能力。简而言之，应用型本科高校教师教育类专业人才培养的目标是职业能力强、综合素质高。具体来说，在应用型人才培养中，在知识方面，要强化对系统而完整的学科专业知识的掌握；在能力方面，要注重实践教学，突出对较强的学习能力、实践操作能力和教育教学创新能力的培养。

第一，教师教育属于特殊的职业教育，具有较强的实践性。我们应该通过教师职业活动体系和教师职业发展规律来组织实践教学，即采用工作导向的实践教学模式，这是教师教育可持续发展的内在要求。

第二，工作是"人"的活动过程，因而必须以工作导向为引领，以师范生全面发展为根本目标，按照教师职业工作规律来系统地构建教师教育实践教学体系。在分析现代教师的典型工作任务的基础上，应按照工作的完整性和综合性组织实践教学内容，促进教师职业能力、职业态度情感、专业伦理精神的全面发展。此外，应不断创新教学方式，尊重学生的主体地位，突出工作与学习的结合，将教学过程与教师工作过程融为一体，使专业理论学习、职业技能培养与职业情感体验融为一体。这是对职前教师教育实践教学趋于技术化、工具化的一种纠偏，有利于进一步规范实践教学改革，有利于提高教师人才培养水平。同时，要将教师工作体验作为理论与实践双向贯通的重要途径。

第三，实践教学是一项系统性工程，是包括教育理念重构、课程体系优化、师资能力提升、体制机制改革以及高品质实践基地建设等多方面在内的整体性改革。应按照构建高素质应用型人才培养模式的要求，以师范生全面发展为目标，以不断发展的教师职业工作过程为导向，以师资队伍建设为重要抓手，以统筹优质教育资源为支撑，以优化政策制度建设为保障，加强师范生实践教学的理论研究和实践探索，积极探索符合教师职业特点的应用型人才培养模式。

第四，教师队伍建设是关键。教师教育的实践性要求从业者必须具备深厚的教育理论素养和较强的教学实践能力，具备双师型特征；要求从业者按照双师型、多元化的要求加强实践教学师资队伍建设；要求大学和基础教育学校切实转变观念，共同承担培养教师的责任。一方面，教师教育者要加强能力建设，提高其实践教学能力和水平；另一方面，教师教育者要遵循多元化的要求，切实推进实践教学师资共同体建设。

第五，高品质的实践教学基地是保障。要按照规范、共享的要求加强实践教学基地建设，对现有的实践教学基地进行规范化建设；把确保师范生得到科学有效的职业训练和职业指导作为实践教学基地规范化建设的重要内容和主要标准；坚持高标准，积极开拓新的实践教学基地；构建三位一体教学实践基地运作机制，推动师范生培养、教师发展、中小学改进之间的互动合作。此外，按照科学、有效的要求加强实践教学政策制度建设。在院校合作、运行机制、队伍建设、质量评价、经费保障等方面，要加强制度建设，切实推进职前教师教育实践教学改革。

第二节　应用型本科高校教师教育实践教学存在的突出问题

一、职前教师教育专业课程教学重理论、轻实践的现象依然十分严重

接受较为充分的专业实践锻炼是提升教师教育专业学生实践创新能力的重要基础，强化实践教学已经成为深化教师教育改革的一个共识。然而，调查结果显示，约84%的受访师范生认为所学专业的理论性课程过多，专业实践技能课程严重不足。尽管很多高校在职前教师教育课程体系改革中增加了实践教学环节，实践课程比例在总学时或总学分中也占到了25%以上，但这些实践课程大多为认知实习或体验式实习，没有真正将实践活动与一线教学实际融为一体，致使实践教学效果不够理想。

在具体的教学实践中，很多教师没有突破传统的教学理念和模式，依然偏爱讲授式教学。调查显示，目前，讲授法的使用率远高于小组讨论、模拟教学、案例分析、自主学习等其他教学方式，是小组讨论的7倍、模拟教学的15倍、案例分析的5倍、自主学习的39倍。单一的讲授式教学难以实现提高师范生的学习能力、实践能力和创新能力的目标。

二、实践技能课程内容与实际岗位需要不匹配

长期以来，高校人才培养缺乏对社会、市场、行业需求的监测，导致课

程建设往往缺乏针对性，与实际职业岗位需求不匹配。调查发现，53.4％的学生认为专业技能实践课并不符合基础教育教学的实际需要。随着基础教育的发展，大部分教师培养院校开始认真审视、重构与基础教育的关系，在地方教育部门、中小学校等相关利益主体中建立了不同层次的教师教育共同体，将教师专业标准和任职要求引入课程，并实施了不同程度的基础教育人才需求的改革措施。然而，即使基于任职资格划分的课程模块都达到了标准，有关课程的建设也不一定能与实际岗位需求相匹配。

三、实践教学体系缺乏整体性设计

当前高校教师教育专业开展的实践教学，集中表现为教育见习和教育实习，形式较为单一。实践教学资源与平台条件不足，因而一些研究性教育实践、模拟性教育实践、课堂内容实践等提升师范生教学能力的手段还未得到有效的实施，多是依靠学生自觉。

单就教育见习和实习两种实践教学形式而言，也存在不少问题。就教育见习来说，它是师范生在高校课堂积累了一定理论知识后，亲历中小学课堂观察、体悟教学实况的教育活动，是教育实习的基础环节，是教育实习的准备阶段。因此，理论上，教育见习和教育实习是紧密联系在一起的。但就实际情况来看，在很大程度上，师范生教育见习和教育实习是相互割裂的，两个环节自成体系，缺少应有的联系，致使教育见习没有使实习产生积极效果。不少受访的师范生表示，经过教育见习的观摩学习和实际锻炼，并没有得到更为深刻的教学体验，没有为教育实习做好充分的准备。在调查中，笔者发现，师范生实习前的准备状况较其见习前并无明显变化。这从侧面反映出目前高校对师范生实践教学活动的统筹规划并不到位，没有形成一套完善的师范生实践教学模式，缺乏整体设计。

四、过于关注师范生职业技能训练

在调查过程中，笔者深刻感受到技术—理性主义对职前教师教育实践教学的影响，突出地表现为对师范生教学技术的强调。在这种情况下，人们对教师教育实践教学的价值理解越来越狭隘，并由此陷入技术主义陷阱。无论是指导教师，还是师范生，虽然都比较关注教学基本技能，但二者均有意或无意地忽视教师专业精神、专业伦理责任、教育理论，将实践教学等同于程式化的"生产流程"。

工作是"人"的活动过程，与企业生产有着本质上的区别，它包含理论知识的学习、实践技能的掌握、职业态度情感和伦理精神的形成。国家对教师教育课程改革有着明确的要求，既要求强化实践教学，增强未来教师的职业基本技能和专业实践能力，又要求培养未来教师的职业道德与素质、人格魅力、社会责任感和创新精神。因此，基于工作导向的职前教师教育实践教学改革要出台有助于解决师范生就业的政策导向，不能功利地关注学生的初次就业，不能将实践教学简单地理解为提高教师职业技术的能力，而要关注师范生长远的职业发展，关注个性品质、创新精神、职业伦理道德和事业精神的培养。

五、实践教学指导力量不足

在校师范生虽然学习并积累了扎实的理论基础，但往往在实践过程中缺乏由理论向实践过渡的有效途径，因此需要专业指导教师给予恰当的帮助。形成高校与中小学教师共同指导师范生的机制，实行"双导师制"是国家教师教育改革的一贯主张。为了加强师范生实践教学指导，学校实行大学教师和中小学教师联合指导的"双导师制"。然而，调查发现，教育实践中的"双导师"对师范生的指导并不到位。一是实践前的指导薄弱，这突出地反映出师范生在参加实践教学时具有普遍的盲目性。约有75％的学生认为自己在实践教学前没有接受过专门的指导培训，仅有25％的学生认为自己在教育实践活动之前清楚实践任务。这说明，约有四分之三的师范生没有在参加教育实践之前做好准备工作。二是对实践中的具体问题的教学指导不够及时、有效。47.7％的学生认为指导教师不能在教学组织活动、教具选择、教法运用、课堂互动等方面进行及时、有效的指导。

高校指导教师对师范生教育实践活动的指导集中在组织安排学生的实践时间、学校，沟通实习实践学校和学生，评价实践活动等工作上，参与听课、评课的比例则较低。虽然大部分高校指导教师长年在大学校园中工作，对大学教育现状及情况十分熟悉，但其缺少对中小学生实践教学实际情况的认识，从而使得他们对师范生教育实践的指导不够准确。同时，高校教师不仅要完成大学授课任务，还要承担科研任务和工作，这使得他们无法保障指导师范生进行教育实践的时间。从实习学校来看，许多师范生希望实践基地能给予自己教学技能上的指导及班主任工作的任务。但就调查结果来看，在实践中，实习学校的指导教师对师范生的指导并不能满足其需求。这主要是因为实习学校在师范生实践教学指导安排上没有做到责任落实到个人[①]。如何落实"双导师制"，如何加强实践教学指导已经成为值得高校管理者和教师关注的重要问题。

六、实践教学的学生评价不够科学、合理

评价的科学合理性关乎实践教学质量。如果没有科学有效的实践教学评价要素，学生就可能敷衍了事、缺乏动力，甚至陷入迷茫与不安，使实践教学效果受到影响。调研发现，从评价主体来看，指导教师处于主导地位，学生则始终处于被动地位，远没有实现共同参与、多元评价、教学相长的评价机制。高校指导教师占主导地位，实习学校教师对师范生实践教学评价的话语权太小，这样显然是不合理的。在教育实践过程中，特别是实习阶段，师范生在实习学校工作、学习、生活，他们与实习学校教师相处的时间远多于高校教师。[②] 因此，实习学校教师能够准确地掌握师范生的教育教学能力。其评价对师范生来说更为真实、可靠。同时，学生的自我评价和组内互评没有得到应有的重视。从评价指标来看，对师范生教学技能水平的测评较为重视，而对实践期间师范生在实习小组内的角色及承担的工作、考勤、听课评课、小组内的自评和互评、实习报告及社会实践调查报告的质量等方面关注较少。总的来说，教育实践是综合提升师范生教育教学能力的活动，因而评价也应是多元的、综合的，不能仅凭一种评价方式就断定师范生教育实践结果的优劣。毫无疑问，科学合理地评价实践教学、充分发挥评价的引领作用仍是需要关注的重点。

七、实践教学对学生专业实践创新能力和就业能力的促进作用有待增强

从调研数据来看，学生对实践教学效果的感受有较大差异。78.4%的学

---

① 李亚飞，何慧星.基于利益相关者视角的高校师范生教育实习基地建设 [J].煤炭高等教育，2014，32（1）：104-109.

② 吕文丽.教育实习：教师成长的重要一环 [J].中国民族教育，2010（4）：16-18.

生认为实践教学效果一般，20.5％的学生认为实践教学对自己的专业技能水平和专业实践能力提高有很大帮助；60.2％的学生认为实践教学对促进就业的效果一般，33％的学生则认为实践教学对自己今后的教学有很大的帮助。学生对实践教学效果不太满意的原因是多方面的。首先，学生自身投入少。他们在教育实践活动之前准备不充分，在参与实践的过程中没有侧重点，对自己没什么要求，抱有应付心态，对实践教学任务敷衍了事。其次，教学实践基地失职。调研发现，在实践时，有的学生会被分派值日、打扫卫生等非教学类的事务性工作，有的学生则被安排大量的教学任务，致使他们没有时间观摩反思教学。最后，高校失职。高校是师范生培养的责任主体，实践教学是促进师范生全面发展的有效途径。然而，技术—理性主义依然是教师教育课程体系设计的主流。同时，实践教学需要在仪器设备、设施场所、人力资源等方面有较大投入，因而为追求办学效益的目的，很多院校选择了效果差的"放养式"实践教学模式，致使职前教师教育实践教学出现许多问题，如高校自身资源建设滞后。这体现在如下几方面。一方面，双师型教师队伍建设步伐跟不上。实践教学对教师的工程实践能力要求较高，但许多高校在教师队伍建设上仍然存在重学历轻能力、重理论轻实践的现象。另一方面，基础办学条件跟不上。很多高校的实践、实训、实验条件得不到应有的保障，制约了实践教学的有序开展。以某高校学前教育专业钢琴教室建设为例，其钢琴数量少，每次上课时两个人甚至多个人共用一台，为本、专科几百名学生配备的琴房仅有两间，远不能满足学前教育专业学生练习的需求；并且，琴房里每架钢琴都没有配备耳机，噪声太大，严重影响学生练琴的效率。舞蹈教室也有类似情况，学校只有两个舞蹈教室，平时，学生只有上课时间能在舞蹈教室练习舞蹈动作，其余时间根本没有足够的场地和机会开展练习，只能在宿舍楼中或者操场上训练，从而无法保证动作的准确性。再者，大学和中小学合作机制尚未理顺。一方面，高校缺乏应有的基础教育需求的信息反馈机制，导致教师教育专业课程整体架构设计存在先天不足；另一方面，中小学校参与师范生培养工作的动机不强，一些院校的合作浮于表面，致使某些实践教学流于形式。

第三节　基于工作导向的职前教师教育实践教学改革的具体措施

一、树立协同培养观念，改革人才培养模式

要根据不同学段教师教育的特点和要求，坚持以社会需求为导向，建立用人单位信息反馈机制，广泛征求基础教育学校对高校教师教育专业人才培养方案的意见和建议，改革现行人才培养模式，积极探索本科"3＋0.5＋0.5"、专科"2＋0.5＋0.5"的人才培养模式，突出应用型教师教育专业人才的培养目标，重视对学生进行职业道德教育，培养基础教育学校"留得住，用得好"的教师。

两种模式的3和2分别指的是本科前三年、专科前两年的教学。这段时期，学校主要是根据基础教育所需岗位的职业特点来培养学生的专业知识与技能，并对其开展校内实训和校外见习。校内实训和校外见习是指，由专业教师带领学生在学校教师职业技能实训中心或基础教育学校进行训练或实地见习，学生主要是观察和学习教法，观察基础教育学校的教学活动，了解基础教育学校工作过程，了解自己未来的角色和工作状况，明确当今基础教育学校工作对教师素质和能力的要求。两种模式的第一个0.5年是顶岗实习，目的是加强学生的专业实践能力。这半年中，学生以全职教师的身份在基础教育学校的教师岗位上开展实习，独立承担教师工作，以便更为深入地了解基础教育学校所需要的专业技能和专业素质，从而明确努力的方向。[1] 第二个0.5年是指学生完成顶岗实习任务后，返回高校，用半年时间继续学习，以夯实专业知识、提高能力。

二、遵循教师成长规律，优化课程体系建设

要根据岗位的任职要求和职业资格标准，确定人才培养规格和学生的知识、能力素质结构，将职业资格考核内容嵌入教学内容，构建出逻辑关系清晰、课程体系完整、能充分凸显教师教育专业特色的人才培养方案和专业核

---

① 尚国营. 高师院校"顶岗实习"的瓶颈及思考 [J]. 黑龙江高教研究，2012，30（2）：56-58.

心课程质量标准。同时要以工作任务为核心，与高校和企事业单位、科研机构共同开发符合岗位技能需求、提高学生实践能力的优质专业核心课程。在细致分析基础教育教师岗位能力的基础上，进一步优化课程体系，本着突出实践教学的原则，适当精简压缩基础理论内容。在强化专业基本技能训练的同时，要适当增加与职业密切相关的知识和技能，增设专业技能特色课程，并把与专业相关的职业资格鉴定培训内容纳入教学计划，提升学生的从业能力。[①]

要进一步加强核心课程和精品课程建设，积极开发选修课程，改革选修课教学形式，建立选修课教学质量考核体系，加强实习实训课程建设，以"全实践"理念为指导，强化实习现场教学和微格教学，加大校内外实习实训力度，提高学生教育教学组织能力，进一步加强技能课的设计。

三、多措并举，切实加强双师型教师队伍建设

应按照职业性和开放性的要求，进一步加强双师型教师队伍建设。一是通过有计划地推进在职教师进修、挂职工作、实践锻炼等制度的改革，提高教师的专业实践能力和技术研发能力，鼓励专业实践课教师取得职业技能证书等。二是加大高层次双师型人才引进力度，不仅要看重学历、职称等条件，还要看重人才的行业背景、相关专业实践经历等。三是通过兼职等柔性政策，积极引进第一线工作的高素质专业人员，以充实教师队伍。目前，较为普遍的、行之有效的做法是，从基础教育学校、县市区教研工作者中聘请行业专家、业务技术骨干到学校担任兼职教师，并承担实践类课程教学工作。此外，还应积极探索分类发展的机制，具体制定专业带头人、骨干教师、青年教师队伍建设措施。

四、强化校内外实践教学资源与平台建设

目前，加强教师教育实践实训资源平台与条件建设，切实改善办学条件的任务十分艰巨。应以教师职业能力培养为主线，以提高学生综合素质为目标，积极争取财政支持，多渠道筹措资金，切实改善教师教育专业实践教学的现状。一是积极搭建校内实践育人平台，建设高质量的校内实验实训中心，做好校内课程实验、项目研发、产品设计、毕业设计等实践教学环节。二是做好校外实践育人平台，建设优质的校外实践教学基地。要依托学校人才和

---

① 单嵩麟. 就业导向与大学生职业资格证书制度［J］. 职业技术教育，2004，25（4）：23-24.

技术资源优势，联合基础教育学校及相关行业企业和政府有关部门，探索产学研用一体化的实践教学平台。^① 三是加强网络教学平台和资源库建设，实现优质教育资源的开放共享。应基于数字化技术，采用引进和开发相结合的方式，大力推进网络资源开放课程、虚拟仿真实验、数字化实验室等数字资源建设，为学生自主学习提供更多丰富的信息资源。同时根据教师教育专业特点，共同开发基于实践案例的实践教学资源库，与有关基础教育学校骨干教师合作开发实验实训教材。四是优化实践教学资源与平台建设管理机制。应构建以专业实践能力培养为核心的实践教学目标体系，构建与课堂教学体系相辅相成的实践教学内容体系，构建院系、实践基地、学生个人三位一体的实践教学管理体系，构建以考查学生专业能力为核心的实践教学考核评价体系。

五、创新体制机制，推进院校深度合作

毋庸置疑，职前教师教育实践教学中存在思想观念落后、体制机制障碍等问题。笔者认为，其中比较重要的是与地方教育部门、基础教育学校的合作机制问题。面对时代的要求，高校必须融通学校与社会、市场和行业企业的关系，以"利益共同体"为引领，以社会需求为导向，积极探索具有地域特色的高校与社会、行业企业协同培养人才的新模式；深化合作方式，与地方教育部门，尤其是与基础教育学校开展广泛的合作，以使其直接参与人才培养目标制定、课程设置、质量评价等工作，参与课程教学，特别是深度参与教师教育专业实践实训环节，从而不断提高人才培养质量。

在大学—中小学的院校合作机制建设中，我们必须树立共赢思维，正确处理相关各方的利益差异性与一致性，协调利益冲突，形成利益共享的机制，创新利益共享的实现机制，最大限度地为教师人才培养服务。这就要求高校充分发挥社会服务的作用。一是通过学生支教、社会实践等活动，进一步增强学生服务社会的能力；二是推进挂职服务，选派优秀教师到基础教育学校参与教学与管理工作并开展课题研究，促进一线学校的特色发展；三是加强区域教育问题研究，为区域内的教育交流与质量提升构建平台，为政府教育决策做好咨询工作。

---

① 杨文斌，吴福根，何汉武. 校企共建实践教学基地的路径探析［J］. 实验室研究与探索，2014，33（7）：201-204.

第三章　应用型本科高校校园
文化活动育人研究

　　随着时代文化的变更和发展，国家越来越注重对大学生文化素养的培养。校园文化活动成为提升大学生素质水平的有效途径。高校校园文化活动，是校园文化建设的载体。其作为校园文化中最直接、最多彩、最具实践意义的部分，对高校建设校园文化有着至关重要的作用。它不仅能体现出高校的办学水平和办学特色，而且能提高师生运用知识的能力和实践能力。通过参与校园文化活动，学生不仅能体验到学习之外的乐趣，还能树立科学的世界观、人生观和价值观，确立积极的人生态度，将自己所学、所知应用于实践，不断提高自身能力水平，全方面发展。

　　本章通过调查高校开展文化活动的现状，详细了解当前校园文化活动的发展情况以及过程中出现的问题和原因，并针对问题提出有效的改进对策，以期为高校校园文化建设提供借鉴，促进高校校园文化建设工作体系的进一步完善，从而为新时代大学生的培养工作提供指导依据。

第一节　应用型本科高校校园文化活动概述

一、高校校园文化活动的定义

　　高校校园文化活动是校园文化的主要表现形式，其以大学校园为主要空间、以全校师生为主体。根据时代的发展和学生的需要，高校开展了具有校园品牌特色或时代精神的主题活动。高校通过组织内容创新、形式新颖、有吸引力的思想类、学术类、实践类、文娱类活动，使广大师生参与其中，不仅丰富了学生的课余生活，而且使学生通过参与活动，提升了技能、提高了素质、锻炼了各方面的能力。高校校园文化活动是学校团委等部门有目的、有计划、有组织地开展的，以学生为主体的，具有实践育人意义的校园文化活动。

二、高校校园文化活动的主要类型

（一）文化艺术类活动

文化艺术类活动主要包括元旦晚会、迎新晚会、毕业典礼、校园各类文艺比赛等活动，如主持人大赛、模特大赛、歌手大赛、摄影大赛、舞蹈大赛等。这些活动有助于培养学生的审美情操、合作精神、艺术文学修养和积极乐观的生活态度，有助于提高学生的组织管理能力、语言表达能力和处理人际关系的能力。

（二）实践和服务类活动

实践和服务类活动主要包括公益活动、专业实践、志愿活动等，这类活动有助于学生在社会中积累经验、完善自身。

（三）体育类活动

体育类活动主要包括校内或校外的运动会、体操比赛、各种球类比赛等。体育类活动能够磨炼学生的意志，激发学生的进取心，培养学生的自信和公平、团结的道德品质，提高学生的体育素养。

（四）科技创新类活动

科技创新类活动主要包括各种科技类竞赛、创意设计大赛等，可以检验学生是否有扎实的科学基础和较强的创新能力。

（五）专业知识类活动

专业知识类活动主要包括为促进学生专业发展而开展的与专业相关联的活动，如"外研社杯"英语系列大赛、计算机能力大赛、教师技能大比拼等。

（六）学术讲座及思想教育类活动

学术讲座及思想教育类活动主要包括思想政治教育活动、党团精神学习等活动，意在培养学生爱国主义精神、社会主义精神、集体主义精神。

（七）就业类活动

就业类活动主要包括毕业就业双选会、职业生涯规划活动等校园文化活动。

三、高校校园文化活动的主要特征

侯丹丹在《浅析高校校园文化活动》一文中指出，当前高校校园文化活动主要表现出创新性、教育性、传承性及先导性[①]。本研究在以往研究的基础上，将校园文化活动的主要特征概括为以下几点：①实践性。校园文化活动以学生为主体，学生参与活动的过程就是其实践的过程。学生通过实践进行学习，因此活动是具有实践意义的。②育人性。大学校园的所有活动都是为学生在社会中立足做铺垫的，其开展的目的是培养学生除学习之外的其他能力，以使学生全面发展。③互动性。校园文化活动不仅需要学生的参与，还需要学校领导、老师和相关工作人员的引导和帮助。因此，校园文化活动还具有互动性。④整体性。校园文化活动作为独立的分支，是展现学校特色、精神文明、文化氛围、学生意愿等的整体性活动。⑤多元性。随着时代的不断发展，在开展校园文化活动时，高校在内容和形式上也要不断体现出创新性和多样性。⑥传承性。校园文化活动不仅要体现时代精神，而且要注重传承，如校园特色、品牌活动的延续等。校园文化活动也许会因创新而更改形式，但其精神实质仍需要传承和发展。⑦创新性。校园文化活动要想体现时代精神，就必须敢于舍弃旧理念，进行创新和改革。

第二节　应用型本科高校校园文化活动育人的现状及存在的问题

本研究主要对应用型本科高校校园文化活动的现状进行调查。在参考国内外相关文献资料的基础上，本研究编制了调查问卷，从活动的内容和形式、组织管理、学生参与三个维度展开调查，并对应用型本科高校校园文

---

① 侯丹丹. 浅析高校校园文化活动 [J]. 思想教育研究，2009 (S1)：124-126.

化活动的现状进行了分析。本研究从学校和学生两方面入手，分析了当前高校校园文化活动现状和不足，并针对存在的问题提出了改进策略。

本研究选择石家庄学院的学生作为问卷调查的研究对象，针对法学院、体育学院、音乐和美术学院、教育学院、理学院的学生展开调查。本研究通过发放 200 份问卷，了解了当前校园文化活动的开展情况。本研究从校园文化活动的内容和形式、组织管理、学生参与三个维度出发，对问卷进行了设计，分析出当前校园文化活动存在的不足，并尽可能客观、准确地分析问题的影响因素。

一、石家庄学院校园文化活动的开展概况

石家庄学院开展过的校园文化活动大致可分为以下几类：文化艺术类，如晚会及其他艺术类活动；实践和服务类，如社会实践和志愿服务类活动；体育类，如学校运动会、各种体育项目比赛等；科技创新类，如创业类比赛及其他创意设计大赛；专业知识类；学术讲座及思想教育类；就业类；等等。本研究就 2023 年度学校举办的校园文化活动的概况进行分类列举。

（一）文化艺术类

文化艺术类活动是高校校园文化活动的重要内容。每年，石家庄学院都会举办几十场不同主题的文艺活动。

2023 年 4 月，石家庄学院举办"纪念'五四运动'104 周年"合唱比赛活动，进一步培养了广大青年学生爱党、爱国、爱社会的情感。石家庄学院关心下一代工作委员会联合教师教育学院举办"读懂河北——河北文化概观"专题文化讲座，引发了学生对河北文化的深入思考和强烈共鸣。文学与历史学院举办"走近岩画——岩画那些事儿"讲座，向学生科普了岩画这一古老的艺术形式，激发了其对考古学、艺术史等领域的兴趣，这对提高学生的艺术素养起到了积极的推动作用。2023 年 6 月，音乐学院举办青年民族乐团大型民族器乐普及专场音乐会，向学生传播了民族器乐相关文化知识，丰富了校园文化，推动了中华优秀传统文化的传承与发展。2023 年 10 月，图书馆举办"国情与历史——解读燕赵传统文化节日"专题讲座，强化了学生对传统节日文化的认同感，有力地推动了社会主义核心价值观的传播和践行。2023

年 12 月，为促进非物质文化遗产的保护传承与发展，石家庄学院与井陉县联合开展了"传承文化魅力，展示非遗风采"非物质文化遗产进校园活动，使学生直观地参与、了解、体会、感受井陉拉花、井陉木雕、苍香玉屏袋、井陉缸炉烧饼等 16 项国家、省市级非物质文化遗产的独特魅力。

（二）实践和服务类

社会实践与志愿服务是高校大学生文化活动的重要内容。2023 年 2 月，外国语学院学生志愿者在石家庄市第五十四中学开展了"讲好中国故事，传播中国声音"志愿服务活动。2023 年 4 月，体育学院和理学院组织学生参与 2023 年石家庄马拉松活动的志愿服务。2023 年 9 月，体育学院师生承担中国·石家庄五人制足球国际争霸赛的赛事执裁服务和志愿者服务工作，充分展现了师生良好的精神风貌和专业水平；外国语学院学生应邀参加第七届河北省旅游产业发展大会志愿服务工作，共为大会联系到 500 多家企业，邀请到 1200 余位嘉宾，圆满地完成了大会各项工作和任务。

（三）体育类

除了一年一度的校运会之外，石家庄学院还举办了形式多样的体育活动。2023 年 5 月，为纪念"五四运动"104 周年，传承五四精神、赓续革命薪火，石家庄学院举办了"2023 五四青春跑"活动。2023 年 11 月，石家庄学院机电学院举办了第一期"奔跑无止境 青春无极限"校园阳光乐跑 21 天打卡活动，强化了学生全员体育的意识，激发了学生参与体育锻炼的热情，提高了学生的健康水平。

（四）科技创新类

2023 年 4 月，石家庄学院举办了"青春礼赞时代 智造引领未来"——第十届"逐梦杯"智能车竞赛活动。该活动既培养了学生的综合知识运用能力、基本工程实践能力和创新意识，激发了大学生从事科学研究与探索的兴趣和潜能，又培育了大学生理论联系实际、求真务实的学风和团队协作的人文精神，对学校营造良好的创新创业育人环境起到了积极的推动作用。此外，石家庄学院还举办了绿色环保创意大赛、保护非物质文化遗产创意作品大赛、"挑战杯"大学生课外学术作品竞赛等。

（五）专业知识类

2023 年 10 月，石家庄学院举办了第十届师范生教学技能竞赛，锻炼了师范类专业学生的教学技能，并为其搭建了观摩学习、超越自我的互动平台，从而有效地提升了其职业素养和实践能力，彰显了石家庄学院教师教育专业集群的办学特色。2023 年 12 月，石家庄学院举办了 2023 年"诵经典 悟真理 树信仰"大学生马克思主义经典著作诵读比赛活动，鼓励学生从马克思主义经典著作中汲取科学智慧和理论知识，做走在时代前列的奋进者、开拓者、奉献者。此外，外国语学院还为商务英语专业学生举办了系列专题讲座，增加了其对外贸行业和商务英语专业的了解，激发了其学习专业知识和提升职业能力的热情。

（六）学术讲座及思想教育类

2023 年 4 月，石家庄学院图书馆与教务处联合举办了"漫谈本科毕业论文"学术讲座，为学生厘清了学术论文的结构，介绍了文献检索与阅读的方法，明确了论文选题、结构、表述、佐证材料等方面的基本要求。此外，图书馆还举办了"悦读·阅享·越未来"世界读书日主题晚会，掀起了全校学生的读书热潮，促进了其崇尚阅读、品读经典、终身阅读习惯的养成，持续推进了书香校园和"文化石院"的建设。2023 年 5 月，石家庄学院学工部举办"塑造阳光心态，展望绚丽人生"心理专题讲座，使学生掌握了调整情绪和心理状态等的方法，提升了心理健康水平。此外，石家庄学院还举办了"与心灵相约，与健康同行"心理游园会活动，促使学生进一步关注心理健康问题。活动中，学生通过参与沉浸式游戏，形成了积极乐观的心理品质，促进了身心的健康发展。

（七）就业类

石家庄学院开展的就业类活动相对较少。除了毕业就业双选会活动外，石家庄学院还鼓励学生参与首届全国大学生职业规划大赛。石家庄学院努力做好生涯规划与就业指导工作，引导学生树立正确的成才观、就业观及规划意识，努力提高学生的就业质量。其二级学院也开展了相应的活动，如教师教育学院举行了职业规划大赛金奖选手分享会；经管学院开展了职业生涯规划大赛；美术与设计学院举办了大学生学业职业规划讲座；外国语学院举办了商务英语认知实训讲座，以帮助学生深入了解商务英语人才的知识和实践能力构成，助力学生科学规划职业发展；等等。这些活动有助于学生树立职业意识，强化职业探索，明晰职业规划，增强学习动力，提升就业技能水平。

由此，本研究对所调查高校校园文化活动的现状有了初步的了解。石家庄学院校园文化活动内容丰富多彩，很多活动也已成为校园品牌化活动。石家庄学院丰富的校园文化活动为学生展示个人才能提供了机会，给学生的大学生活带来了无限乐趣，并在不同程度上提升了学生的素质水平。但是目前，部分活动在举办过程中仍存在很多问题，影响了校园文化的建设，阻碍了校园文化活动的发展。

二、调查结果及分析

本研究围绕高校校园文化活动的内容和形式、组织管理、学生参与三个维度，设计了29个封闭式问题，并采用问卷星的形式，向200名不同专业的学生发放了问卷。其中，法学院、教育学院、理学院、体育学院、音乐和美术学院各40份。根据问卷调查结果，有效问卷共计183份。

（一）内容和形式

校园文化活动是极具校园特色的活动，是学校在各式各样的活动中总结、提炼和建设而成的具有实践育人意义和体现办学特色的活动。

（1）学生所在学校的校园文化活动形式如图3-1所示。其中，元旦、迎新晚会等文艺活动占81.97%，社会实践、志愿服务类活动占70.49%，运动会、球类比赛等占67.21%，社团活动占60.66%，挑战杯等竞赛占13.66%，歌唱、主持人等文艺比赛占45.9%，辩论、翻译等知识类竞赛占56.28%，党团组织活动占47.54%，其他活动占23.5%。

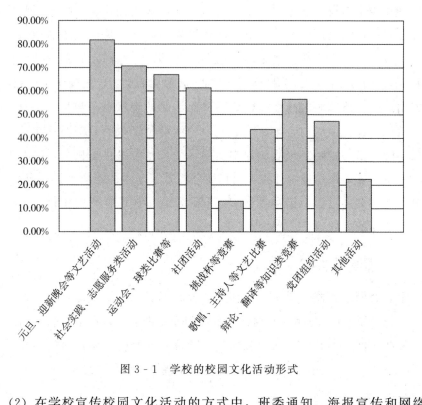

图 3-1　学校的校园文化活动形式

（2）在学校宣传校园文化活动的方式中，班委通知、海报宣传和网络宣传三种方式较多，分别占 73.77%、66.12%、50.27%，校园广播和其他方式分别占 32.79% 和 16.39%。通过实际访谈和观察，本研究发现，在组织主题活动时，社团或学生会多采用海报的形式加以宣传或在学校食堂门口用音响吸引学生，但大家对此并不感兴趣；竞赛类活动多是由班委通知学生，同样仅有少数人关注。据了解，大部分学生没有关注学校院系的微博平台和微信公众号，少部分关注的学生也不经常了解动态。

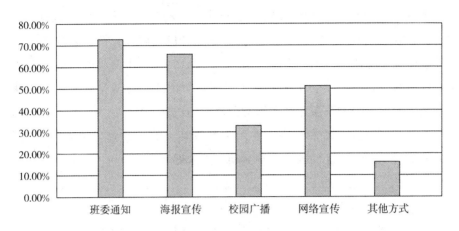

图 3 - 2　学校宣传校园文化活动的方式

（3）另外，当被调查到所在学校是否具有校园特色或品牌性的主题活动时，53％的学生表示有，9.7％和37.3％的学生对此问题分别表示没有和不了解。品牌效应是校园文化品牌活动独有的优势[①]，品牌活动应比其他校园文化活动的知名度更高、影响力更大，更能引起师生的关注。然而，数据显示，有将近一半的学生对此并不了解，其原因是品牌活动的宣传不到位，学生对此不关注。

（二）组织管理

校园文化活动的顺利开展依靠前期缜密的策划，其实施的过程和结果则是衡量一场活动是否成功的关键。这个过程往往包括人力、物力、财力资源等方面的因素。因此，本研究针对校园文化活动的人力、物力、财力资源，以及活动的相关制度等方面对学生做了调查。

（1）如图 3 - 3 所示，在对校园文化活动资金投入的评价方面，认为资金投入充足的学生仅占 1.64％，认为资金投入刚好满足需要的学生有 45.90％，22.95％的学生认为资金投入不足，29.51％的学生表示不了解。在举办校园文化活动时场所资源是否充足方面，43.17％的学生表示充足，33.33％的学生表示不充足，23.5％的学生表示不了解。对于学生参与活动时活动的设施

---

① 侯旻翡，谭钊. 高校校园文化活动品牌培育的实践与思考：基于艺术类高校校园文化活动特色品牌培育的个案分析［J］. 延边党校学报，2013，29（2）：81-85.

配置情况，36.61％的学生认为设施齐全，48.64％的学生认为设施较少，14.75％的学生表示不了解。由此可见，学校开展校园文化活动时的场所提供和设施配置并不能完全满足学生。据社团和学生会工作人员的反映，有些活动在开展时主张以学生为主体，却忽视了对学生的管理与指导，致使活动出现散漫、无人参与的现象，从而影响了活动的质量。

通常，事情投入的多少决定着结果的好坏。前述的宣传不到位的问题，也充分证明了投入不足的确会影响活动的知名度和效率。

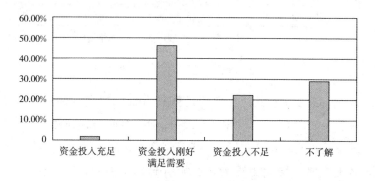

图 3-3　学生对校园文化活动资金投入的评价

（2）在学生参与活动时教师的指导情况方面，2.73％的学生认为教师过分指导，89.07％的学生认为教师适度指导，8.2％的学生选择了教师从不指导。学生是校园文化活动的主体，教师应遵循以学生为本的教育理念。另外，在对学生会干部及社团干事等工作人员的活动组织与管理能力评价方面，45.36％的学生选择满意，49.73％的学生选择一般，选择不满意的学生占比3.28％，1.63％的学生选择很不满意。由此可见，学生干部的工作没有被学生完全认可。

（三）学生参与

对于学生参与，本研究从学生对校园文化活动的关注度、学生一年内参加校园文化活动的次数、校园文化活动与学习的关系、影响学生参与校园文化活动的因素、学生对校园文化活动的评价等方面对学生展开了调查。

（1）学生对校园文化活动的关注度如图3-4所示，表示很关注和关注的学生分别占5.1％和21.4％，表示一般关注和不关注的学生分别占40.1％和

33.4％。校园文化活动是大学的第二课堂，学生应当积极关注，但调查结果恰恰相反。此趋势从根本上影响着校园文化活动的开展。

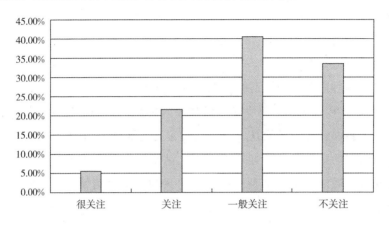

图 3 - 4 学生对校园文化活动的关注度

在大学期间是否参加校园文化活动方面，18.58％的学生表示经常参加，73.22％的学生表示偶尔参加，8.2％的学生表示从未参加。如图 3 - 5 所示，对学生一年内参加校园文化活动的次数进行统计，64.48％和16.40％的学生在一年内参加活动的次数为 1—5 次和 6—10 次，6.00％和3.27％的学生在一年内参加活动的次数为 11—15 次和 16—20 次，参加次数为 0 次的学生占9.85％。据以上数据，经常参加校园文化活动的学生很少。虽然大部分学生表示会偶尔参加校园文化活动，但这些偶尔参加活动的学生平均每年仅参加1—5 次活动，这充分体现了学生的参与度较低。

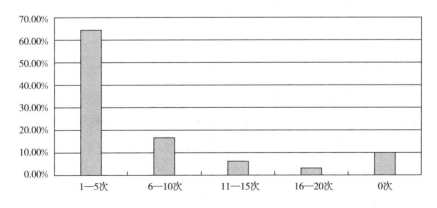

图 3 - 5 学生一年内参加校园文化活动的次数

综上可以看出，一些学生的活动参与度较高，一些学生的活动参与度则较低。

除此之外，学生的性别、年级和专业也影响着参与活动的情况。本研究分别将问卷调查中不同性别、不同年级、不同专业的学生参与校园文化活动的情况做了对比分析。

首先，本研究对不同性别的学生进行了调查。

由表 3-1 可以看出，男女学生参加校园文化活动的占比存在相同点和不同点。男生参加较多的是元旦、迎新晚会等文艺活动和运动会、球类比赛等；女生参加较多的则是元旦、迎新晚会等文艺活动和社会实践、志愿服务类活动。由此可以看出男生大多参与体育类的活动，女生则偏向于参加社会实践类的活动。

表 3-1　不同性别的学生参加校园文化活动的种类对比

X/Y	男	女
元旦、迎新晚会等文艺活动	30	85
社会实践、志愿服务类活动	20	61
运动会、球类比赛等	28	36
社团活动	19	39
挑战杯等竞赛	5	7
歌唱、主持等文艺比赛	8	18
辩论、翻译等知识类竞赛	10	23
党团组织活动	11	27
其他活动	8	30

由表 3-2 可见，男生和女生在一年内参加校园文化活动的次数为 1—5 次的人数均占总调查人数的一半以上。由此可以看出，学生参与活动的次数普遍较少，这反映出校园文化活动的参与度较低。

表 3 - 2　不同性别的学生一年内参加校园文化活动的次数对比

X/Y	男	女
1—5 次	29 (55.77%)	89 (67.94%)
6—10 次	8 (15.38%)	22 (16.79%)
11—15 次	4 (7.69%)	7 (5.34%)
16—20 次	4 (7.69%)	2 (1.53%)
0 次	7 (13.46%)	11 (8.4%)

其次，在不同年级方面，学生参与活动的情况存在显著差异。大一学生参与校园文化活动的种类和次数相对较少。很多大一学生表示自己没参加过校园文化活动，这可能是因为其对学校某些活动并不了解或缺乏一定的经验，大四的学生则恰恰相反。因此，学生的年级也影响着某些校园文化活动的参与度。

调查中还发现，参与运动会等体育类活动的学生大多来自体育专业，参与歌唱、音乐会等艺术类活动的学生则大多来自艺术专业。学生参与校园文化活动在一定程度上受专业限制，这也是部分活动参与度较低的原因之一。

综上，从表面来看，问题在于校园文化活动的吸引力不足，致使学生的参与度较低；深入分析后则发现，活动参与度不高的原因除了活动吸引力不足之外，还受到学生性别、年级、专业的影响。另外，通过访谈可知，有一些活动最初的目的很好，但实践过程中常因各种各样问题的出现和解决不及时，而使学生参与活动的积极性被打击，从而使得学生不愿参与某些活动。除上述种种原因之外，学生个人的思想观念也影响着其参与校园文化活动的次数。

（2）校园文化活动与学习的关系，如图 3 - 6 所示。52%的学生认为参与校园文化活动与学习没有冲突，两者可以兼顾；41%的学生认为参与校园文化活动会在一定程度上影响学习，但也能锻炼自己。

影响学生参与校园文化活动的因素如图 3 - 7 所示，因没有时间而不参与校园文化活动的学生占 44%。通过访谈，本研究发现，有时学校举办活动的

时间安排与学生的其他事情冲突，从而导致学生认为自身没有充足的时间来
参与校园文化活动。由此可见，学生的时间和精力也是阻碍其参与活动的关
键因素。

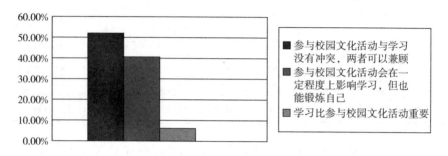

图 3-6　校园文化活动与学习的关系

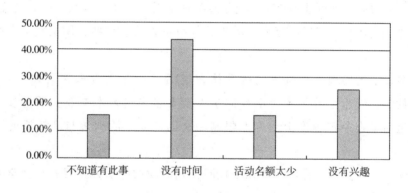

图 3-7　影响学生参与校园文化活动的因素

　　影响不同年级学生参加校园文化活动的因素如表 3-3 所示。各年级
学生选择最多的原因均为"没有时间"。高校校园文化活动是学生在大学
的第二课堂，因此，如何合理规划校园文化活动的时间，高效地整合现有
资源，是目前高校在改进校园文化活动现状这一方面应该考虑的问题①。

---

①　戴月舟. 高校校园文化活动的评价及对策 [J]. 文教资料，2013（18）：54-55.

表 3 - 3　影响不同年级学生参加校园文化活动的因素

	大一	大二	大三	大四
不知道有此事	8（25.81%）	2（5.41%）	5（15.63%）	13（15.66%）
没有时间	13（41.94%）	19（51.35%）	12（37.5%）	36（43.37%）
活动名额太少	3（9.68%）	3（8.11%）	7（21.88%）	15（18.07%）
没有兴趣	7（22.58%）	13（35.14%）	8（25%）	19（22.89%）

　　（3）学生对校园文化活动的评价如图 3 - 8 所示。53%的学生表示内容不够创新，质量一般。由此可见，校园文化活动越来越不能满足当前学生的需求，导致高校经常在筹划活动时走极端路线，要么过于求创新，太注重形式反而缺少内涵，学生在参与活动后无收获或收获不大；要么老套过时，学生感觉枯燥。学生认为当前校园文化活动中存在最突出的问题如图 3 - 9 所示，认为"形式主义严重"的占 21.31%，认为"宣传不到位"和"学生参与度较低"的均占 18.03%，认为"内容和形式单一、过时"的占 14.75%。

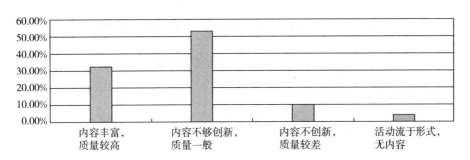

图 3 - 8　学生对高校开展活动内容的总体评价

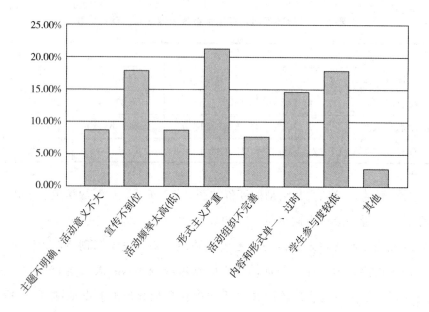

图 3-9 学生认为当前校园文化活动中存在最突出的问题

第三节 应用型本科高校开展校园文化活动的建议及对策

一、加强对校园文化活动的重视

（一）加强思想建设，做好指导工作

高校校园文化活动是学校文化建设的重要组成部分，只有保证思想的正确性、坚定性，才能保证活动朝正确的方向发展[①]。新时期的高校不仅要培养出一批"术业有专攻"的人才，还要致力于把学生培养成全面发展的综合型人才。校园文化活动是促进学生全面发展的有效途径，不仅能为学生实践提供机会和平台，还能促使高校进行校园文化建设。针对学生不关注校园文化

---

① 杜戈兴，王雪永，邢玉娟，等. 河南科技学院大学生校园文化活动现状调查［J］. 河南科技学院学报，2017，37（6）：43-46.

活动的问题，首先，高校必须加强对校园文化活动的重视，转变思想认识。只有学校领导真正意识到校园文化活动的功能性，共同商议措施，才能正确引导学生群体。其次，高校应更加重视活动的品牌化建设和宏观指导，本着立德树人、培养全面发展的人的思想开展活动①。高校不妨开设与此类相关的选修课程，或者定期开展讲座、传达精神，以引导学生转变思想。最后，高校应重视对环境氛围的打造，以使学生正确认识校园文化活动，并意识到参加活动既可以提升自身能力，也可以为以后的就业奠定基础。

（二）加大宣传力度，加强对活动资源的投入

改进校园文化活动不仅需要活动的发展，还需要有一系列相关的精神和物质环境做保障。学校领导和相关部门应高度重视校园文化建设，以便为学生营造良好的氛围，为蒸蒸日上的校园文化活动创造良好的条件②。首先，作为育人场所，大学校园能够陶冶情操、净化心灵，因此高校应极力打造卫生、雅静的校园环境，以使学生的情操得到陶冶，并推动和影响校园文化活动向有益的方向发展，从而在隐性的环境中实现育人。其次，高校应为校园文化活动提供充分的设施，包括在活动前期提供宣传、场地资源和必要的活动设备等，在活动中期投入充足的人力资源及物力资源，为校园文化活动的开展提供硬件保障。

二、开展校园文化活动要以学生为主

（一）尊重学生主观能动性，实行学生自主选择制

自主选择，是指个体通过综合考虑自身条件、主观感受和经历来对事物做出判断，并做出最适合自己的选择。学生的主观能动性是必须考虑的特点③。高校通过引导学生参与校园文化活动来实现对人才的培养。首先，高校应尊重学生的主观能动性。在校园文化建设中，高校应尽可能地满足学生的主体需要，围绕学生展开活动，以强调校园文化的育人功能④。在校园文化活动选择参与的问题上，一方面，学校可以借鉴他校的做法，如将某个月设为

---

① 江浩浩. 地方高校校园文化活动现状调查及对策研究：以潍坊学院为例 [J]. 学周刊，2018 (5)：8-9.

② 马世荣，陈亚锋，杨永鹏，等. 陇东学院校园文化活动现状调查及对策研究 [J]. 陇东学院学报，2014，25 (1)：110-112.

③ 刘长龙. 高校学生管理应尊重学生的主体性 [J]. 理论月刊，2002 (5)：64-65.

④ 邵焕举. "以学生为主体"的高校校园文化建设研究 [D]. 南京：南京财经大学，2010.

活动月，在校园网站上或者学生个人系统中为学生提供在线选择，等等。学生可根据自身的兴趣和能力选择活动。高校则可根据学生报名的数量，委派学院或社团等组织实际开展活动。这样做不仅可以调动学生的积极性，还可以让每名学生的需求都得到满足。实行自主选择制后，高校可以将学生参与校园文化活动的次数纳入学期综合评定。与修学分类似，学生只有达到规定次数后才可以毕业。另一方面，高校可以将每周的周三下午设定为小活动日。这么做的理由是，这一天是一周中居中的一天，周三下午举办一些小活动，不仅可以缓解学生前两天的学业压力，还可以使其有充沛的精力和热情开展之后两天的学习。高校社团可以将每周开展的活动内容和地点提前公布到网上，由指定部门负责管理并联系活动的场地、相关工作人员等。高校不应对活动的内容和形式做过多的要求，而应让学生参与其中，以放松自己。

（二）尊重学生权利，平等对待每一位学生

平等是社会主义核心价值观的重要组成部分，具有鲜明的时代特征和中国特色，目的是实现人全面、平等、自由地发展[①]。学生作为完整独立的个体，是社会主义事业的建设者和接班人，因而在接受教育的过程中更应享有平等的机会及公平的对待。公平正义是指合理的校园状态，包括学校与学生之间的权利公平、机会公平、过程公平和结果公平。公平正义从哲学角度可分为两个层面，一是程序上的公平正义；二是结果上的公平正义。学生参与校园文化活动时的公平正义表现为三个方面：第一，活动的参与；第二，活动的评比；第三，活动的奖励。在活动参与的问题上，对于某些名额较少但学生参与兴趣度较高的活动，高校需要摒弃从前指定班级好学生或者班干部参与的方式，给班级其他学生安排机会；在活动评比的问题上，切忌"拉关系"；在活动的奖励的问题上，学生用心准备活动的目的就是获得最后的奖励，如果在同等级发放奖励时出现等级差异现象，又将挫败其参与的积极性。因此，学校首先要认识到公平对促进校园文化活动发展的重要作用，依据法律法规建设，将公平正义落实到活动实践当中，引导全体师生树立科学的公平观；其次，为学生创设公平竞争的生存空间，以使学生在互相信任的环境中发挥自己，取得进步。

---

① 王幸美. 社会主义核心价值观的"平等"观念史梳理 [J]. 当代教育实践与教学研究，2017 (8)：268-269.

(三) 切实了解学生的根本意愿和需求

高校开展校园文化活动应坚持以"立德树人"为目标，始终遵循"以人为本"的原则。学生是校园文化活动的主体，是不断成长和发展的人。个体差异性表明每个学生都有着不同的个性和需要。因此，开展校园文化活动是为全体学生服务，而不是为个人服务的[①]。在学生对校园文化活动建设的建议中，在回答此问题的学生中，有 35.4% 提到学校应多采纳学生的意见，根据学生的建议开展活动。因此，学校非常有必要开展兴趣调研，以切实了解学生的兴趣和需求，从而为学生个性的发展创造宽松、自由的平台和空间[②]。高校可以在校园网站上开展在线兴趣调研、采集学生对校园文化活动的评价。这样做不仅能让学生真正地参与校园文化活动的建设，体验自身真正的价值感，还能使学生感受到学校对校园文化活动的重视，从而与学校共同推动校园文化活动的发展。

(四) 合理安排活动的时间

尊重学生的主体性，还体现在高校在组织校园文化活动时应充分考虑学生的时间上。其应该考虑不同年级、不同专业的学生的情况，以开展有针对性的校园文化活动。不论本科还是专科，学生往往在最后一年面临毕业、就业，并且个别专业最后一年的课程相对较少。这一时期，很多学生因找工作或其他事情而不经常在学校。在组织安排活动时，学校应对毕业生减少参与活动的要求或多开展与就业相关的活动。对于低年级学生，高校则要针对其开展多方面的培养活动。另外，开展校园文化活动时，高校应尽量避开学生考试、放假等时间，以免其应接不暇，影响活动质量。同时，教师应对学生，尤其是低年级学生，开展时间观念的教育，使其学会合理规划自己的时间。另外，高校应调整开展活动的频率，以避免对社团干部等工作人员的学习造成影响，从而降低其工作积极性。

---

① 刘成立，王立仁. 人本观照下高校校园文化活动育人模式的构建 [J]. 东北师大学报 (哲学社会科学版)，2014 (2)：203-206.

② 宋涛. 高校校园文化活动的现实困境与系统设计研究 [J]. 河南广播电视大学学报，2016，29 (1)：71-74.

三、强化组织保障，形成强大合力

（一）制定和完善规章制度，提高活动效益

高校可以梳理以往校园文化活动中出现的种种问题，并加以总结，通过与相关部门商议，制定出一部《校园文化活动相关章程》。此章程应详细规定校园文化活动的各个环节，如开展活动的名称、活动的流程、活动的场地资源、活动的面向群体等，应明确如果违反规定将要承担哪些后果。首先，健全校园文化活动的激励机制。除了奖励和惩罚之外，高校可实行榜样制，在院系或者全校进行表彰等，以此激励其他学生。其次，对学生给予肯定、信任，以增强其自信心。最后，对于"冷门"活动，高校可以采取奖励学分制，这样既为学分不够的学生提供了机会，也解决了"冷门"活动无人参与的问题。以上制度需要工作人员严格遵守，按章办事；不走后门，公平办事。

对于社团内部制度，首先是建立完整的财务制度，使干部了解社团的财务情况，并在管理经费使用的同时，对学生的理财意识加以培养。其次是建立社团干部的选拔考核机制，加强干部监督，杜绝拉关系、走后门等现象，公平、公正地选拔为学生群体服务的优秀人员。最后是建立社团内部激励制度，促使每位工作人员积极参与社团建设，促进社团发展。

（二）建立全方位评价体制，促进专业活动的发展

建立全方位评价体制，开展主要面向专业的校园文化活动。校园文化活动的评价来源不能仅是学生群体，还应包括第三方，如社会及用人单位等；高校应结合社会、教师、学生三方面的调查，依据国家相关文件精神，编制校园文化活动的成效评价体系。此外，本研究借鉴了《校园文化活动成效评价初探》中的内容，认为构建体系应包括制度管理、师资建设、学生活动的开展、第三方评价四个方面。

首先，制度管理是指校园文化活动也要有制度保障，要有规范的管理制度、健全的管理组织，以及高效的执行能力。

其次，师资建设是指对指导学生参与校园文化活动的教师队伍进行培训。

再次，学生活动的开展是评价体系的重点，主要从活动的载体形式、活动的意义、学生参与活动的收获三个方面进行评价。校园文化活动的载体形式主要包括环境和实践两大方面，环境载体主要从校园基础设施建设和多媒体等虚拟载体两个方面进行评价；实践载体主要包括社团、科技类、公益类、

创新类、艺术类等实践活动。活动的意义主要围绕活动对学生的思想教育、开展活动内容中道德品质及文化素养，以及活动组织的系统性和形式的创新性等方面进行评价。学生参与活动的收获主要从参与活动的积极性、参与活动后的能力提升等方面进行评价。

最后，第三方评价主要是指毕业生、社会和用人单位的评价。其中，毕业生的评价主要是指毕业生对所学专业的价值感评定、对学校开展活动的反馈和评价；社会方面主要是指外界对校园文化活动的评价；用人单位方面主要是指用人单位对学校的认可度，以及对学生的竞争能力等方面进行的评价。对于以上构建得比较专业的校园文化活动评价体系，有学者认为这种评价体系能够凭借多方面的资源促使校园文化活动更好地发展，从而培养具有综合素质的人才。

（三）给予经费支持，规范使用原则

《高校学生社团管理暂行办法》指出，学生社团主要的经费来源是高校拨款、社会赞助、会员的会费等合法渠道。活动经费是保障校园文化活动顺利开展的重要物质条件，因此，学校应监督活动经费的使用情况，并在活动经费上给予社团大力支持。据了解，目前，学校活动经费主要投入大型文化活动。可以看出，社团等其他民办校园文化活动在筹备经费上相对困难。因此，高校应为大大小小的校园文化活动提供物质上的全面支持，并制定相应的经费管理条例。在经费的使用上，高校应本着节约、规范的原则。各学院及部门应指定人员专门负责校园文化活动经费的管理和使用，包括及时入账社会资助款、指导学生组织合理使用经费、明细活动经费的收支情况等。最后，学校应加强对工作的监督，以免出现不良现象。

（四）鼓励教师参与指导

鼓励教师参与学生工作的政策与措施指出，为培养具有创新素质和实践能力的新一代青年人才，高校应动员广大教师，积极发挥第二课堂对学生培养的重要作用。因此，高校应鼓励教师积极参与对校园文化活动的指导，如校园文化活动的制度管理、经费管理等。在指导过程中，一方面，教师能够帮助学生更好地完成任务，从而提高各方面的素质水平；另一方面，教师能够详细了解活动的开展情况，并提升自身的业务水平。高校应鼓励教师参与校园文化活动并对学生进行指导。高校可以将教师指导校园文化活动的工作与教师评优、评先挂钩，或者采取奖励制，给予指导教师工作奖励，以使其工作量与回报成正比。

四、拓展和充实校园文化活动的内容

(一)融入新理念

习近平总书记在全国高校思想政治工作会议上强调:"要坚持不懈培育和弘扬社会主义核心价值观,引导广大师生做社会主义核心价值观的坚定信仰者、积极传播者、模范践行者。"高校应大力开展德育实践活动,形成社会主义核心价值观与立德树人相融合的实践体系,如定期组织学生参加公益活动,使其在为他人、为社会贡献自己一份力量的同时,深刻理解思想政治理论知识的深邃内涵[①]。

党的十八大以来,习近平总书记围绕新时代中华传统文化传承与发展的一系列重大理论和现实问题,提出了一系列新思想、新观点、新论断,为高校开展文化活动育人提供了行动指南。高校应积极探索中华优秀传统文化与校园文化结合发力的路径。在打造人文环境的基础上,一方面,高校要不定期地举办与中华优秀传统文化相关的读书征文、文化演讲等校园活动,以使师生深入地理解、领会优秀文化传统[②③];另一方面,高校要积极响应上级的要求,利用本校的学生会、学生团委、党支部等组织,开展一系列以中华优秀传统文化为主题的教育活动、社会实践、志愿者服务等形式多样、内容丰富的文化活动以及富有中华优秀传统文化特色的社团主题活动[④]。这样,既传承了中华优秀传统文化,也丰富了校园文化活动的内容。

站在新的历史起点上,高校应当以习近平文化思想为引领,坚持文化育人,理念为先,始终将文化自信作为高校建设校园文化的航标,将中华优秀传统文化融入高校教育教学的全过程,统筹课堂教学、课外活动、社会实践等多种途径,积极帮助大学生了解中华优秀传统文化,激发和强化其对中华优秀传统文化的兴趣,引导其真正形成对中华优秀传统文化的认同,从而推

---

① 马晓南,佟会文. 社会主义核心价值观融入高校立德树人全过程的路径研究 [J]. 现代经济信息,2018 (2):445.

② 陈昉,陈炳霞. 红色文化在高职校园文化建设中的实践探索 [J]. 教育教学论坛,2014 (7):171-172.

③ 贾文胜. 高职院校校园文化形态建设的实践探索 [J]. 职业技术教育,2011,32 (5):36-38.

④ 高辉芳,孙荣秀,姜涛,等. 传统文化融入高职校园文化建设的实践探索 [J]. 教育现代化,2018,5 (3):331-332.

动校园文化活动高质量发展。

（二）勇于改革和创新

新形势下，加强和改进思想政治工作的基本原则之一是与时俱进、开拓创新，既要坚持以往的好传统、好做法，又要积极适应新形势、把握新特点，创新工作内容、形式、途径和机制等。学校要坚持培养适应国家、适应社会的创新型人才。校园文化活动对学生的培养作用毋庸置疑。本研究对以往开展的校园文化活动的满意度进行了调查。数据显示，53％的学生认为活动的内容不够创新，并且质量一般。在关于影响校园文化活动顺利开展因素的问题上，50％的学生认为学校缺乏与外界的沟通交流。在对改进校园文化活动的意见方面，有学生提出应增加班集体活动。仔细想来，现在的大学上课制度使学生之间的交流受到了一定程度的影响。学生没有固定教室，甚至很多班级的宿舍也不相邻。同班学生只有在上课时才同坐在一个教室里。学生彼此不了解，从而使得"两耳不闻窗外事，一心只看我手机"的风气更盛。这些问题说明了校园文化活动需要进行创新和改革。高校应将开展活动的范围由院系缩小到班级，由班级缩小到宿舍。针对目前学生"手机控"的问题，高校应充分利用当前的网络环境，有效整合资源。这样既满足了学生的兴趣，又在一定程度上丰富了校园文化活动，有利于达到打造品牌特色的目的[①]。

（三）开展跨专业课程的活动，开展与就业相关的活动

调查发现，高校开展的部分活动具有限制性。虽然各学科之间有跨度，但要想实现学生的全面发展，高校就不能局限于开展面向其自身所属专业的活动，而应为其创造与其他专业的学生进行交流的机会，从而实现专业活动的交叉融合。比如，小学教育和学前教育。若将相通的专业活动进行融合，则不仅能够促使学生实践专业知识，与他人切磋交流，还能够提升学校培养人才的水平。

（四）强化品牌效应，重视品牌活动

培育打造校园文化品牌具有重要的价值和意义，是校园文化科学化发展的要求，是保持和凸显大学精神品质的价值诉求。首先，高校应树立品牌活动意识，在原有品牌活动的基础上明确活动的主题，完善活动的不足，提升活动的标准；其次，高校应在其他主题活动的基础上，将最受欢迎或最具意

---

① 胡玉翠.利用网络开展高校校园文化活动探究［J］.教育教学论坛，2014（17）：231，228.

义的活动升华为校园品牌活动，大力整合人力、财力、物力及制度等资源，建立保障机制，加强宣传和推广，增强校园文化活动的知名度和影响力，从而推进校园文化活动的整体建设。

（五）整合地域文化资源

石家庄地处河北，是人类文明开发较早、文化底蕴十分深厚的地区。其不仅有着丰富多样的历史遗存，还有着许多独特的文化民俗。河北梆子、唐山皮影戏、评剧等都是河北重要的传统戏剧文化形式。河北有武强木版年画、衡水内画、曲阳石雕、井陉拉花、蔚县剪纸等诸多民间艺术。此外，其还有独具特色的建筑景观和民俗风情。丰富多彩、别具特色的地方文化，为该地高校的文化育人活动提供了强大的资源和支撑。高校，尤其是地方高校，作为优秀地域文化资源重要的保护和开发者，应当有所作为，积极将地域文化资源融入高校文化育人活动，做好"创造性转化和创新性发展"工作。其应将校园文化与地域文化协同育人融入课程设计，深入挖掘地域文化的丰富内涵，以形成宝贵的教育教学资源，从而切实提升学生对地域文化历史的了解，并使其深刻感受地域文化的魅力。其还应开展丰富多样的地域文化实践活动，以使学生亲身体验地域文化的魅力和力量，从而增进文化自信。

第四章　应用型本科高校大学生社会实践育人功能研究

第一节　应用型本科高校大学生社会实践概述

社会实践既是大学生学习内容的重要组成部分，又是理论联系实际必不可少的环节。2013 年，习近平总书记在同各界优秀青年代表座谈时，提到了社会实践对大学生成长成才的重要作用，明确指出"学习是成长进步的阶梯，实践是提高本领的途径"。据统计，2019 年我国高等教育阶段的毛入学率达到51.6%，正式进入普及化阶段，在学点规模超过 4000 万人，已建成世界上规模最大的高等教育体系。

党的二十大报告首次将教育、科技、人才工作进行了"三位一体"统筹部署，强调加快建设高质量教育体系，全面提高人才自主培养质量，这为新时代高等教育发展和人才培养工作指明了方向。为此，必须深化高等教育改革，更加重视对大学生的科学精神、创新精神、实践能力等的培养。这无疑对大学生的社会实践及其实践教育的育人功能提出了更高的要求。

一、大学生参与社会实践的意义

"纸上得来终觉浅，绝知此事要躬行。""空谈误国，实干兴邦。"大学生作为青年人的主力军，是国家和民族的希望。纸上谈兵是做不出成绩的，实践才是检验真理的唯一标准，只有将学习的理论知识运用到实际生活中，才能发挥这些知识的最大价值，才能使大学生真正实现自身的全面发展。

对在校大学生来说，只有通过社会实践和亲身体验，看过、听过、摸过、感受过，才能够产生自己的思考，才能不断地从社会实践中总结出做人做事的经验。通过研究相关国家政策，我们可以发现，国家和社会都对大学生的社会实践能力提出了很高的要求，其对人才的培养也逐渐走上了实用型的发展轨道。因此，实践育人不再是高校育人计划中的一句口号。社会实践作为高校育人的"第二课堂"，需要真真切切地响应国家教育方针、政策的号召，全面实现实践育人的目标，顺应社会发展趋势和教育发展规律，向社会输送其需要的人才，做出实践育人的成绩。其次，这也意味着大学生不仅要学习更多的理论知识，而且要不断提高自身的实践能力，将社会实践作为实现自身全面发展的重要途径。当然，为了共同实现高等教育的这一目标，政府和社会也要积极配合，并在必要时贡献自己的力量。

中国高校社会实践育人还存在管理不完善、制度不健全、认识不充分、保障不到位等问题。为使社会实践教育更加合理地开展，真正做到符合教育发展规律，同时，为完善高校人才培养方案，提高教育的实用性，充分发挥实践教育的育人功能，丰富实践育人理论研究，本研究选择将大学生社会实践育人功能作为研究内容。

社会实践理论源于心理学家班杜拉的社会学习理论和教育家杜威的学校即社会理论。之后，国内外研究者主要从实践育人的内涵、社会实践开展过程中遇到的问题及其解决对策方面展开研究，并取得了一系列的研究成果。其为其他高校社会实践教育工作的开展提供了理论和经验的借鉴，为社会实践教育工作继续开展提供了方向。

社会实践有其自身的特殊性。马克思认为，社会实践实质上是一种探索性活动。从本质上来说，实践育人也是实践，也应具有实践的本质属性。布迪厄认为实践的标志是合乎逻辑的，但其不以一般意义的逻辑为标准，而是有自身的逻辑准则。他认为，实践有其自身的模糊性、紧迫性和策略性。[①]

许多西方国家都非常重视大学生的社会实践活动，并建立了比较系统、完善的高校实践育人理论研究和实践育人培养方案。

美国建立了"服务学习、社会服务"的实践体系，并通过法律和经费支出给予支持和保障。日本推行"体验式就业"，促使学生在实践过程中培养自己发现问题、解决问题的能力，并对自身形成更为全面的认识。

在我国，大学生社会实践育人的内容多种多样，涉及的类型非常广泛，它既包括以各种主题组织的参观访问和调查研究，如参观革命圣地、调查社

---

① 张育广，王新伟. 大学生社会实践的组织管理与运行机制研究 [J]. 内蒙古师范大学学报（教育科学版），2013，26（11）：31-33.

会某些现象、参与红色旅游宣传教育、参与军事训练、参与社会调研等；也包括参加社会劳动、生产和各种形式的实习，如去学校统一安排的实践基地实习、参与植树造林活动、参与工农业生产、做大型活动志愿者等；还包括服务型的智力劳动和劳动服务，如参加敬老爱老、西部支教、社会爱心服务活动，参与三下乡、四进社区活动，参与科技创新等。它既有集体活动、小组活动，也有个人活动。

自 2000 年以来，加强社会实践教育已成为我国高等教育领域中的重要议题，实践育人的功能也越来越凸显。相关研究者从不同的角度对社会实践的意义进行了探讨，并取得了一定的共识，即大学生社会实践教育既是马克思主义教育思想的组成部分，也是党和国家教育方针的重要内容，还是大学生成长成才不可或缺的重要环节。

相关研究者分别从完善高等教育内容、社会关系的构建、提高大学生素质三个角度对大学生社会实践育人的意义进行了分析，认为社会实践作为我国高等教育的重要组成部分，是根据高校培养目标的要求，对在校大学生进行的有组织、有计划、深入实际、依靠社会力量完成的教育活动。[①]作为一种培养人的教育活动，大学生社会实践是"教育与生产劳动相结合"的重要举措，它推动了高校与社会和谐关系的构建，使学生走入社会、认识社会、服务社会，使学生在接触社会环境过程中受教育、长才干、为社会做贡献、实现自我价值。

二、大学生参与社会实践的内容

大学生社会实践是对在校大学生进行的有组织、有计划的教育活动。在我国，大学生社会实践育人的内容多种多样，涉及的类型非常广泛。本研究涉及的大学生社会实践更侧重于由学校组织的大学生暑期社会实践活动，但也包括学生自己寻找的社会实践项目。本研究按参与人数和实践活动的性质，将大学生社会实践的内容划分为两种类别。

首先，按参与人数的多少来划分，它可以分为集体活动，一般人数多于十人；小组活动，一般人数为三到五人；个人活动，即学生自己一人。其次，按活动的性质来分，它主要可以分为以下三类：

一是认识型的，主要是各种主题的参观访问和调查研究，如参观革命圣

---

① 李杰. 大学生社会实践创新研究［D］. 重庆：重庆理工大学，2013.

地、调查社会某些现象、参与红色旅游宣传教育、参与军事训练、参与社会调研等。

二是锻炼型的，主要是参加社会劳动、生产和各种形式的实习，如去学校统一安排的实践基地实习、参与植树造林活动、参与工农业生产、做大型活动的志愿者等。

三是服务型的，主要是智力劳动和劳动服务，如参加敬老爱老、西部支教、社会爱心服务活动，参与三下乡、四进社区活动，参与科技创新，等等。

三、大学生在社会实践育人过程中存在的突出问题

目前，高校社会实践育人在实施过程中还存在重视程度不够、组织管理不到位、评估制度不完善、保障制度不健全、认知水平不深刻等问题，致使大学生的社会实践育人功能无法得到充分的发挥。

一是学校对大学生社会实践的监管失控，无法把握管理的时效性。社会实践教育工作流于形式，仅仅为了完成学生的社会实践教育工作任务而开展。社会实践评价机制不完善，未能建立起科学的长效机制，致使评价评估失度；存在重结果、轻过程的问题，削弱了学生对社会实践教育的积极性。二是部分学生对社会实践的认识不够深刻，存在形式化、功利化、盲目化的错误思想；不能树立正确的角色意识，不愿意接受社会实践的磨炼，在社会实践过程中精神懈怠、不思进取。三是社会实践教育指导教师数量少。部分教师对大学生社会实践教育存在认识上的偏差和错误的解读，不能提供有效的指导。四是部分学生家长溺爱孩子，不舍得让孩子参加社会活动，甚至帮助孩子在社会实践问题上弄虚作假，不配合学校工作。五是社会为大学生提供的用于社会实践的场地较少，与学生专业对口的岗位更是少之又少。社会为大学生提供的环境较差。大学生在社会实践过程中经常遇到权利受到侵犯的问题。六是大学生社会实践教育保障条件较差。政府对此投入的经费较少。学生的生活和学习条件受到限制。大学生社会实践基地不能得到有效的开发和建设，缺少具有专业特点的基地。以上种种问题均阻碍了大学生社会实践育人工作的正常开展。

针对社会实践存在的问题，相关研究者认为，解决大学生实践育人问题的关键是学校，学校应从制度层面建立实践育人的长效机制，尊重学生的主体地位，尊重教育规律，创新社会实践的教学体制，完善人才培养方案。此外，社会应积极承担社会责任，为大学生社会实践提供更多的实践岗位和良

好的社会环境。

第二节　应用型本科高校师范生社会
实践育人基本状况

石家庄学院是一所市属综合类应用型本科院校。学校坚持"办学以教师为本，教学以学生为本"的办学理念，正在努力将学校建设成具有鲜明特色的地方性应用型大学。学校十分注重对学生实践能力的培养，力求实现培养目标与社会接轨，坚持产学研相结合，紧密结合石家庄市的经济和社会发展需求，积极与企事业单位开展合作，加大应用型专业和新兴学科建设力度，积极为学生自主发展、全面提升素质搭建平台，为在校学生进行社会实践提供丰富的资源。

石家庄学院积极组织并鼓励学生参加社会劳动和实习活动，组织学生有计划地参与各种形式的社会志愿服务活动，如"美丽乡村"墙绘志愿服务、青少年安全知识普及活动等，为学生搭建实践基地的平台；通过已有实践基地资源，定期为学生安排实习的学习任务，如到学校实习、到工作单位见习等。

一、调查设计

在已有研究的基础上，本研究通过参考相关调查问卷，对大学生社会实践调查问卷进行了设计，设计思路在以下内容中有所体现。

社会实践育人参与者主要包括四部分，即大学生、高校、政府和社会。本研究主要针对这四部分进行深入分析。除了被调查者的真实信息外，本次调查的内容分为四个维度，即认知维度，包括学生及学生家长、高校、社会等对大学生社会实践的认识、看法、建议、意见等；行为维度，包括大学生社会实践的投入状况、心理预期、学校社会实践活动的安排、重视程度、家长及社会各界的支持情况、未来参与社会实践的心理倾向等；影响因素维度，即对大学生社会实践育人工作产生影响的大环境进行分析，有目标、有针对性地对各方面影响因素进行梳理，包括评价机制、政策保障、教师指导等；实施效果维度，高校教育要以学生为本，一切从学生出发，本次调查的实施效果主要从石家庄学院大学生社会实践育人是否能促进学生的全面发展、是否符合社会对于人才的需要、是否丰富和发展了教育理论三个方面进行判断。

二、调查对象基本情况

本次问卷调查对象为石家庄学院在校师范类专业大学生，调查对象分为三类，即文史类、理工类和艺术特长类的学生。本次调查共发放 500 份问卷，回收问卷 478 份，有效问卷 469 份。以下为各专业类型分布情况。

艺术特长类学生占此次调查总人数的 24.74％，理工类学生占比 18.56％，文史类学生占比 56.7％。（如图 4-1 所示）

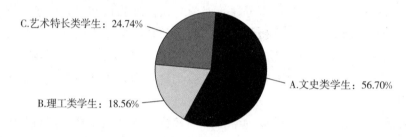

图 4-1 所学专业分类统计

其中，年级比例分布情况如下：大一学生占调查总人数的 37.11％，大二学生占总人数的 11.34％，大三学生占总人数的 19.59％，大四学生占总人数的 31.96％。（如图 4-2 所示）

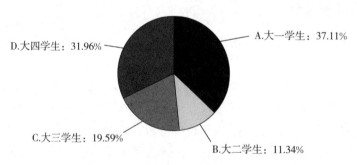

图 4-2 所在年级统计

三、石家庄学院大学生社会实践育人开展情况分析

通过此次调查，可以看出，自大学生社会实践育人口号提出以来，社会实践育人工作受到学校、社会、学生、政府等方面的重视，其开展已经取得

很大的成效和喜人的成绩，主要体现为实践内容多样、种类丰富，社会实践的参加渠道更充足。这不仅能够激发大学生参与社会实践的积极性，还能够为社会实践育人目标的实现起到促进作用，进而有助于实现大学生的全面发展。

（一）学生对参与社会实践的认识与动机分析

调查发现，大部分石家庄学院在校大学生能够认识到社会实践对自身成长成才的重要作用，并且乐于参加。数据显示，73.2%的学生对参加社会实践的意义和价值有过自己的思考，甚至会向教师反映自己的疑问和看法。数据还显示，82.47%的学生愿意参加社会实践，92.78%的学生表示如果提供现成可行的社会实践机会，他们是愿意参加的。

在大学生参与社会实践的动机方面，76.29%的学生是想锻炼自己，26.8%的学生是因为家庭因素，32.99%的学生是因为学校重视社会实践，36.08%的学生是觉得无聊，想找点事干，24.74%的学生是因为经济原因。由此可见，想锻炼自己的学生占大多数。

上述数据表明，大部分大学生基本能认识到社会实践的重要意义，他们愿意通过参加社会实践来为以后步入社会积累经验，从而为以后的职业发展探寻方向。

对大学生社会实践投入情况的调查也证实了这一点。调查结果显示，2.06%的学生在参加社会实践活动过程中有过敷衍行为，52.58%的学生是积极投入的，45.36%的学生投入情况一般。这些数据说明，大部分学生能够全身心地对社会实践投入精力，而不是为完成学校安排的任务而做做样子、走走形式。

（二）学生社会实践的参与度、时间和频率分析

调查发现，大学生社会实践参与度较高，87.63%的学生都参加过社会实践活动。其中，参加社会实践的次数在1—5次的学生占被调查总数的67.01%，参加次数在5—10次的占15.47%，参加次数在10次以上的占5.15%（如图4-3）。

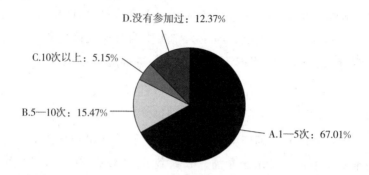

图 4 - 3　参加社会实践的次数统计

通过对学生所在年级和参加社会实践的次数展开交叉分析，本研究发现，大一学生中，参加社会实践的次数为 1—5 次的人数占总人数的72.22％，其主要参加由学校组织带领的各种参观活动和志愿活动。大二学生参加社会实践的占比情况较为平均，其中 1—5 次的占 45.45％，5—10次的占 36.36％，10 次以上的占 18.18％。大三学生面临的考验可能对其社会实践频率产生了一定的影响，但其参与度仍然很高。其中，参加过社会实践的大三学生占总人数的 94.74％。大四学生中，参加 10 次以上社会实践的学生占总人数的 83.76％，1—5 次的占 10.56％，参加 5—10 次和没有参加过的人数共占 5.68％。这说明，石家庄学院大学生参加社会实践的频率还是很高的。

从参加社会实践的时间来看，11.34％的学生能够持续一周及以上，17.53％的学生能持续几天，参加半天的学生占总人数的 38.14％，参加一天的学生占总人数的 32.99％。这说明大部分学生参加社会实践的时间大多为半天和一天。

综上，从大学生参与社会实践的时间和次数两方面来看，大学生对社会实践的参与度还是很高的。

（三）学生社会实践类型分析

社会和高校为大学生提供了各种类型的实践机会，60.82％的学生通过兼职的方式参加社会实践，17.53％的学生通过企事业单位实习的方式参加社会实践，64.95％的学生通过各种志愿活动和参观活动参加社会实践，仅有

4.12％的学生目前还没有参加过任何社会实践活动。由此可知，多种多样的社会实践活动既可以让学生根据自己的优势、特长、喜好等自由选择适合自己的实践类型，又可以为学生发掘自己的特长提供机会，从而吸引他们更加积极主动地投入社会实践。

（四）学生社会实践渠道分析

大学生参加社会实践的渠道仍以学校为主，但不再单一。目前，学生可以通过多种多样的渠道来获得参加社会实践的机会，这为社会实践育人工作的开展提供了很大帮助。调查结果显示，学生参加由学校统一具体组织的社会实践活动的比例为71.13％；由学校统一布置，分组自己寻找项目的比例为37.11％；自己寻找项目的比例也达到29.90％；父母帮忙联系的比例为10.31％；学长、学姐帮忙联系的达到29.90％；通过其他途径参加社会实践活动的比例为6.19％。在社会多元化的今天，多样化的社会实践既符合时代发展的特点，又为大学生全面发展创造了条件。

（五）学生社会实践保障支持条件分析

调查结果显示，家长对大学生社会实践的支持力度较大。其中，86.6％的学生家长支持自己的孩子参加各种形式的社会实践活动，但仍有13.4％的学生家长不支持自己的孩子参加。通过对"你是否乐意参加社会实践"和"你的家长、朋友是否支持你参加各种形式的社会实践活动"进行交叉分析可知，学生获得支持且乐意参加的占92.50％。这说明近年来大学生家长对社会实践的认可度较高，能够配合学校的安排，并愿意为学生提供各种形式的支持。大部分家长愿意让孩子通过社会实践来初步了解社会，发现自身的不足之处，而不是在象牙塔里继续享受。

从教师指导方面来看，71.13％的学生认为，指导教师在社会实践的过程中给到了实用性的建议，28.87％的学生认为指导教师没有给到实用性建议。

从"你认为社会提供的各种帮助是否完善"的调查结果中可以发现，6.19％的学生认为很差；67.01％的学生认为还可以，但需改善；24.74％的学生认为一般般，没感觉；2.06％的学生认为无不妥之处。这说明，社会为大学生社会实践提供的帮助一般，可以改善的方面仍有很多。

从"你认为参加社会实践的困难是什么？"的调查结果中可以发现，

60.82％的学生认为困难在于联系实习单位，51.55％的学生认为困难在于确认实践项目，53.61％的学生认为困难在于组建实践团队，43.3％的学生认为困难在于政策保障力度不强，14.43％的学生认为社会实践的困难在于其他因素。

综上，大学生社会实践保障支持条件较充足，但仍有很多可以改进之处。

（六）学生实践效果分析

学生社会实践能力的增强不仅体现为学生能够完成自己寻找或者学校安排的实践内容，还体现为学生能够独立地寻找社会实践的项目，并且能够在社会实践的过程中不断地发现问题、解决问题、反思问题，不断使自己能力得到提升，逐渐实现自身的全面发展。

调查结果显示，81.44％的学生认为，在社会实践后，自己的综合能力有了提高。当然，社会实践的效果不能一概而论，学生个体间存在差异。但总体上可以看出，在社会实践过程中，石家庄学院的大学生能够将课堂上学到的理论知识灵活地运用到实践中，并在运用的过程中不断反思自身，发现自己的问题，从而不断获得个人能力的提升和发展。

第三节 应用型本科高校大学生社会实践活动改进建议

在开展社会实践育人工作的过程中，我们会遇到诸多问题。因此，本研究积极寻求解决对策，并试图给出针对性的建议。

一、转变观念，提高大众认知水平

大学阶段是学生世界观、人生观、价值观形成的黄金时期，社会各界和高校的教育对其人生态度的形成产生了非常大的影响，甚至对其今后的发展起到了至关重要的作用。

（一）更新高校管理体制，发挥高校正向舆论的指导作用

在外来思想的冲击下，在拜金主义、享乐主义、极端个人主义思想的影

响下，部分学生产生了好逸恶劳、贪图享乐、不思进取的思想。这就需要高校发挥正确价值的导向作用。高校要坚持马克思主义实践的观点，对学生加强引导、积极动员、因势利导。高校要在尊重教育规律的基础上，认识到维护学生正确意识形态的必要性。高校要采取对应的方式，如开展讲座、知识竞赛、志愿宣传活动等，抵制不良思想对大学生思想的侵蚀，以提高其思想道德水平，培养其自强不息、艰苦奋斗的精神，发挥第二课堂校园文化的熏陶作用，从而使其能够认识到培养自身良好的品格对自身发展的重要作用，认识到社会实践对自身发展的重要价值。

高校要顺应时代发展，大力弘扬社会主义核心价值观，通过开展各种形式的主题活动，提高对社会实践的认知水平，促进学生的全面发展。

（二）提高社会关注度，发挥媒体宣传作用

随着网络技术的高速发展，媒体时效性强、传播速度快等特点都被无限地放大，微信、QQ、微博、知乎等软件的开发和使用，使得媒体可承载的信息量变得更大，这种媒体自身便捷、简单的传播性质也使得人们更热衷于用碎片化阅读的方式了解信息。我们既可以在平台上多做有关社会实践育人的相关报道，也可以继续发挥期刊、报纸、电视等传统媒体的宣传作用，使人们更深刻地对大学生社会实践有一个全面的认识，提高大众认知水平，促进大学生社会实践育人工作的开展。

（三）转变学生观念，发挥学生主体作用

学习的主体是学生。社会实践作为育人工作的重要组成部分，其主体也是学生。学生必须深刻意识到自身在社会实践育人中的主体地位，认识到社会实践对自身成长成才的重要作用，认识到社会实践对实现自身全面发展的重要作用，转变原有应试教育体制下唯分数论的思想和重理论轻实践的思想。学生应当把社会实践放到与理论学习同等重要的位置，积极参与学校和社会提供的实践活动，在实践中发现问题、解决问题、总结问题，不断提升自身的社会实践能力。

二、以人为本，尊重学生主体地位

以人为本是马克思主义唯物观和社会主义核心价值观的体现，是一切教育活动的出发点和落脚点。高校必须充分尊重学生在学习中的主体地位，充分做到以学生为本，结合时代特点，尊重其认知规律，以其喜闻乐见的形式进行引导，不强迫其做不愿意做的事情。在社会实践育人的内容方面，高校可以通过形式的创新或者参与体制的创新来提高学生参与社会实践的积极性，以使其社会实践能够在改进中创新，在创新中加强，从而不断提高实践育人教学水平，促进学生的全面发展。

三、完善机制构建，遵循社会主义核心价值观

完整机制构建是保证工作圆满完成的必要条件。学校要构建大学生社会实践育人的完整机制，这样才能保证这项工作有制可依。从大学生社会实践的开展机制到评价机制、约束与激励机制以及实践指导教师的分配机制，高校应不断完善大学生社会实践长效机制建设，完善人才培养方案。政府要完善大学生社会实践的物质和政策保障机制，促进社会实践育人目标的全面实现。

（一）完善学生社会实践考核和评估机制

学校要实施全面考核机制，把参加社会实践作为学生完成学业的重要组成部分，全面考核学生的社会实践成绩，对未能完成社会实践任务的学生给予学业成绩上的惩罚等。高校要及时反馈考核结果，以使学生充分认识到自身在社会实践中的成功或者不足之处，从而提升其自我认知水平，推动其全面发展。

1. 建立学生考核反馈制度

建立学生考核反馈制度，是指学生在完成教师或者学校布置社会实践后，在以事实为依据、以高校考核规则为准绳的前提下，将自己对评价中不属实、不透明、不公平的地方的意见和建议反映给学校。这既体现了社会实践评价机制的人性化，也体现了对学生主体地位的尊重，还保证了社会实践评价的公平性、透明化、人性化，能够进一步推动高校社会实践育人教学水平的提高。

2. 建立社会实践指导教师考核制度

对尚未获得社会工作经验的大学生来说，及时有效的指导可以减少大学

生周折，减少时间的浪费，起到事半功倍的效果。

在大学生的社会实践中，指导教师具有非常重要的作用。在社会实践教学中，除了要保证指导教师的数量充足外，高校还要保证指导教师的专业素质。对指导教师的考核应当包括教师在大学生社会实践过程中的教育活动、师德师风、教学成绩等。高校应将对大学生进行实践指导的成绩纳入教师综合评价，使其成为教师评价的重要方面，建立教师本人自我评价和学生评价的综合评价体系，不断提高高校教师社会实践教学能力和教学水平，提高大学生社会实践育人的活动质量。

（二）完善大学生社会实践奖惩制度

在以事实为依据、以高校考核规则为准绳的前提下，分别设立对大学生社会实践的激励和惩罚制度，这样可以有效提高大学生社会实践的质量和水平。

1. 完善社会实践奖励制度

高校可以通过开展评优评先、颁发荣誉证书、发放奖学金、给予社会实践经费补贴、提供更好的实践项目等方式来奖励在社会实践中表现优秀的学生，以此激发学生社会实践参与的积极性，增强社会实践活动的活力，促进学生社会实践能力的提高，促进人的全面发展。

2. 完善社会实践惩罚制度

对于在社会实践中敷衍应付、不思进取、不求上进的行为，学校也应当建立一定的惩罚制度，以减少这种行为的出现。例如，抓典型，将相关学生的名单放在学校通报栏中，不给相应学分、进行思想教育等。高校可以通过这些手段，打消部分学生在社会实践中不求上进、得过且过的思想，使其约束自身行为，从而更好地实现社会实践育人功能。

四、增强服务意识，积极履行职责

高校、大学生、社会、政府都要树立起正确的角色意识。对学习的主体高校大学生来说，其必须树立服务性学习的意识。个体的发展都是在群体中进行的，没有任何一个个体能够脱离社会这个群体而独立存在。假如离开了群体，不能为社会服务，那么高校大学生通过实践育人获得的全面发展就失去了意义。

（一）增强大学生服务社会意识

大学生要增强自我意识，端正自己的世界观、人生观和价值观，努力实现自身全面发展，感恩各方在自身成长成才过程中对自己的支持，树立服务社会、报效社会的意识。在享受社会给予的便利条件的同时，大学生要积极将自身所学奉献给社会，并树立人人为我、我为人人的社会意识。

（二）增强高校服务意识

高校要调动每一个可以利用的资源，为大学生社会实践创造更好的环境。高校应当给予大学生以力所能及的支持，积极为其整合社会资源，签订更长效、更安全、更有保障的校外实践基地，尽力保证每一位学生参加社会实践的机会，从而使其发现自己可以更加优秀、完善的地方。此外，高校要积极开发学生喜闻乐见的社会实践活动项目，鼓励学生参与，从而实现学生更全面的发展。

（三）增强社会服务意识

社会方面，企事业单位之间要加强合作，积极承担社会责任，为大学生社会实践提供完善的实践基地供给，为大学生提供更完善的实习岗位和实习机会，切实履行职责，为大学生提供专业的社会实践指导，不歧视且公平对待社会实践的学生，保障学生的正当权益不受侵犯，以使学生能够在社会实践的过程中发现自身的不足和优势，从而促进自身的全面发展。

（四）增强政府服务意识

政府要认识到自身的职责所在，为大学生社会实践提供相应的支持。首先是资金方面。相关的志愿活动、科研活动等都需要资金的支持，而政府有责任为大学生社会实践提供资金支持。其次是在社会环境方面，政府应当协同社会相关部门，为大学生社会实践制定相关的政策，以提供更安全健康的社会环境，从而推动社会的发展。

五、加强各方沟通，共创良好环境

在各方合作过程中，为了使任务圆满完成，沟通是最有效且最便捷的方式。大学生会在社会实践中遇到各种问题，因而家长、学生、学校、社会和政府更应进行积极有效的沟通。在信息技术迅猛发展的当下，各方不仅可以利用媒体等中介开展有效沟通，还可以通过充分调动各方的积极性，保证实践育人工作高质量地开展，实现高校大学生社会实践的全方位、多层次的充足保障，共同为大学生社会实践创造良好的校内、校外环境，推动其全面发展并为社会造福。

第五章 应用型本科高校学生社团活动育人研究

第一节 应用型本科高校学生社团活动育人概述

2016 年度全国高校思想政治工作会议指出：教育强则国家强。高等教育发展水平是一个国家发展水平和发展潜力的重要标志。随着我国经济、社会改革的深化和发展，大学生的世界观、人生观和价值观呈现出趋向多元化的态势。在这种背景下，学生社团已然成为高校提高大学生综合素质、实施素质教育的重要途径和有效手段。高校学生社团是指，由高校学生依据兴趣爱好自愿组成，为实现成员共同意愿，按照章程自主开展活动的群众性学生组织。高校学生社团的基本任务是，遵循和贯彻党的教育方针，坚持立德树人的基本导向，团结和凝聚广大同学，按照自愿、自主、自发原则，善用网络技术和新媒体，开展主题鲜明、健康有益、丰富多彩的线上和线下课外活动，繁荣校园文化，培养学生的社会责任感、创新精神和实践能力，提升学生的综合素质，促使学生成长成才。

作为学校的第二课堂，高校学生社团在专业知识获取、素质拓展、创新创业实践、思想品德建设、综合素养提高、校园文化建设等方面发挥着越来越重要的作用；在引导学生快速适应现代社会、促进学生成才发展等方面做出了巨大贡献。因此，加强高校社团工作意义重大。

目前，高校学生加入学生社团的热情日益高涨，参与度显著提升，一些注重个性张扬、追求个人发展的学生社团越来越受到广大学生的青睐，一系列的变化也使得高校社团的规模不断扩大，成员大批增加，活动规模不断攀升。这也向高校学生社团提出了更高的要求，即拓宽社团活动范围，增加跨校活动，增强与社会的联系，社团活动不断提升实践性，不断加强自身建设。然而，我国高校社团发展历史较为短暂，在建设和发展的过程中存在很多问题。这些问题的存在制约了我国高校社团稳定、健康和持续的发展。为了解高校社团建设中存在的问题，找寻其产生的原因，进一步提出解决对策，本研究以石家庄部分高校为样本对学生社团发展状况进行了调研。

第二节　应用型本科高校学生社团活动育人现状

一、调查设计

为了更加深入地研究学生社团的发展现状和存在的问题，本研究设计了"学生社团建设"调查问卷。本研究以问卷法和访谈法为主，辅以文献法和观察法。

调查对象为各高校全日制教师教育专业的在校生，以大一、大二和大三学生为主。本次调查采取分层抽样的方法，即按比例抽取调查对象。实际发放问卷 700 份，回收 695 份，回收率 99.3%；有效问卷 684 份，有效率 97.7%。同时，对高校社团的学生负责人和普通成员进行了访谈。此外，本研究辅以文献法，详细了解了与高校社团有关的政策及法律法规。本研究利用 Excel 2016 对调查数据加以分析。

二、调查结果与分析

调查发现，当前高校学生社团的参与度比较高，大部分学生有过参加社团经历，社团参与状况良好。在被调查的学生当中，77% 的学生参加过社团举办的活动。此外，高校学生的社团类型日趋多样，如对某省属高校开展的调查显示，该校共有 109 个社团，数目较大、类型多样，大致分为思想政治类、学术科技类、创新创业类、文化体育类、志愿公益类、娱乐休闲类、自律互助类、语言交流类等。

由表 5-1 可知，文化体育类的社团占大多数，自律互助类的社团数量最少，大部分社团类型数量较为接近。

表 5 - 1　某省属高校社团类型及数量

社团类别	个数
文化体育类	47
语言交流类	16
志愿公益类	11
思想政治类	13
学术科技类	14
创新创业类	4
自律互助类	1
娱乐休闲类	3

但高校学生社团依然存在诸多问题，具体分析如下：

（一）活动经费与场所限制

如图 5 - 1 所示，60 名被调查者认为活动经费与场所是影响社团发展的关键因素。作为按照章程自主开展活动的群众性组织，高校社团要想开展活动和维持发展，就必须有充足且稳定的经费保障。

从调查情况中可以看出，校团委支持学生社团经费支持的状况不容乐观（表 5 - 2）。《高校学生社团管理暂行办法》指出，学生社团的活动经费应主要来自高校拨款、社会赞助、会员会费等合法渠道。如果仅依赖社团成员上缴会费，那么很多社团活动都无法正常开展。《高校学生社团管理暂行办法》也强调高校要根据实际情况向团委划拨社团工作专项经费，支持学生社团网络化管理和信息化平台建设。高校不仅应为学生社团提供师资、活动场地、器材、设备等方面的支持，还应为学生社团的对外交流搭建平台。在实际调查与访谈中，本研究发现只有少数社团拥有校方提供的活动场地。

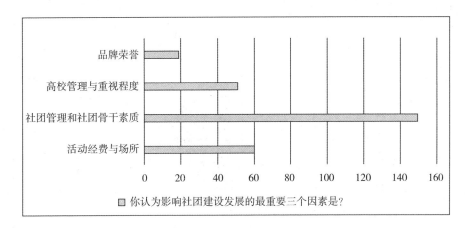

图 5 - 1　社团发展的影响因素

表 5 - 2　高校对学生社团经费支持情况

你认为校团委对学生社团的经费支持如何？	比例
非常多	1％
比较多	4％
一般	49％
比较少	26％
非常少	11％
没有	9％

（二）活动频繁但质量低

从图 5 - 2 中可以看出，社团开展活动情况较为良好。15％的学生所在社团一年开展 1—2 次活动，34％的学生所在社团一年开展 3—4 次活动，48％的学生所在社团一年开展 5 次及 5 次以上活动。可见，社团每年开展活动的次数比较多。开展活动既有利于促进社团建设，又有利于增强社团凝聚力。

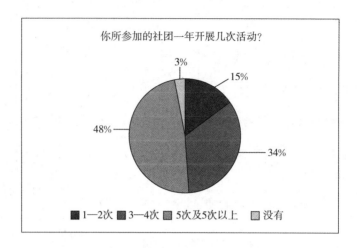

图 5 - 2　社团活动开展情况

（三）社团管理体制不完善

社团应有章程、组织机构和财务制度，并严格执行。但本研究在调查时发现，只有 56% 的社团有严格的管理规章制度并且做到了严格执行，而有的社团甚至没有规章制度。对于社团财务公开情况，只有 66% 的社团完全向社员公开其财务情况。社团的成立、社员的加入与退出、社团活动的开展、社团经费的管理与使用、社团负责人的换届等都没有严格的规范，内部管理较为混乱。许多社团因而变得涣散。社团活动、计划、思想均不能保持连续，因此更谈不上优秀社团文化的积淀。

（四）社团管理和社团骨干素质

75% 的被调查者认为社团骨干素质与社团建设发展有密切关系。调查发现，只有 11% 的校团委或校社联对学生干部开展了专门培训，69% 的社团干部是靠与本社团成员或校外社团成员交流工作经验来进行培训的，6% 的社团干部甚至从未接受过任何管理培训。

（五）指导教师工作不到位

根据调查和走访，目前，很多高校的学生社团都没有专门的指导教师，即使有指导教师，其对学生的社团活动指导也不够深入。一些条件好的高校邀请了专业人士担当指导教师。虽然这些专业人士能在活动涉及的专业问题上给学生提供较好的帮助，但不能在具体活动形式、社团的日常管理方面对学生社团的建设做出有效的指导。

针对社团活动的教师指导问题，49％的学生认为自己在社团开展活动的过程中得到了教师的指导，34％的学生认为没有得到教师的指导，17％的学生则不知道有教师的指导。其中，31％的学生认为社团指导教师对社团发展非常重要，61％的学生认为比较重要，8％的学生认为不太重要或一点也不重要。由此可见，社团建设需要教师的指导，但教师的指导效果和作用不明显。

首先，教师不能很好地参与社团活动建设，无法满足社团成员的需求；其次，指导教师在参与社团建设工作时不能很好地了解学生、帮助学生；最后，在社团活动中，不仅学生因经验较少而无法很好地处理问题，而且教师的指导并不及时。

（六）社团作用与影响不突出

《高校学生社团管理暂行办法》指出，高校社团要利用网络技术和新媒体，开展主题鲜明、健康有益、丰富多彩的线上和线下课外活动，培养学生的社会责任感、创新精神和实践能力，提升学生综合素质，促进学生成长成才。参加社团对个人能力的提高有一定的促进作用，每个人在社团中都能获得锻炼和提升，这也是学生加入社团的原因。但调查发现，结果并不理想。22％的学生认为社团对个人素质的提高非常有帮助，63％的学生认为比较有帮助，15％的学生认为没有帮助或没有太大帮助。

第三节　应用型本科高校学生社团活动改进建议

一、明确社团定位及职能

高校学生社团建设是一项系统且全面的工作，关系着教育事业的长远发展、高校的和谐稳定、高校师生的成长。因此，明确高校学生社团的定位及职能至关重要。

目前，我国大多数高校的社团定位都比较模糊，亟待厘清。高校对学生社团的定位将直接影响社团的发展。大学生社团不仅是一个拥有相同爱好的大学生的聚集地，还是加强大学生思想道德教育的第二课堂。通过开展社团活动，学生能够养成合作精神、奋斗精神，形成健全的人格、优秀的品质。要用实践活动锻炼学生，用严格制度管理学生，促进学生健康发展，以此进一步提高青年学生的综合素质，从而达到思想政治教育进社团的基本目的。社团的主要职能如下。

（一）加强高校思想政治教育

《关于进一步加强和改进大学生思想政治教育的意见》中指出："依托班级、社团等组织形式，开展大学生思想政治教育。"社团在加强校园文化建设、提高学生素质、引导学生适应社会、促进学生成长成才等方面发挥着重要作用，是新形势下有效凝聚学生、开展思想政治教育的重要组织动员方式，是以班级、年级为主开展学生思想政治教育的重要补充。

据问卷调查，81%的学生认为社团能够在开展活动时发挥思想教育的作用，认为社团是开展思想教育的重要途径之一。如图 5-3 所示。

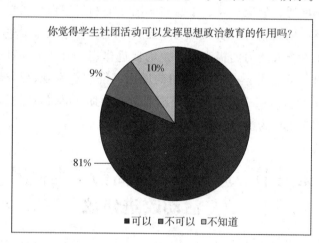

图 5-3　学生社团活动是否可以发挥思想政治教育的作用

（二）开展实践育人活动

高校学生社团是高校进行实践育人的重要途径。《教育部等部门关于进一步加强高校实践育人工作的若干意见》指出，"支持和引导班级、社团等学生组织自主开展社会实践活动，发挥学生在实践育人中的自我教育、自我管理、自我服务作用"。社团可通过开展多种活动，在活动中实现社团育人功能。

（三）高校创新创业改革基地

高校学生社团是高校创新创业改革的基地。国务院办公厅印发的《关于深化高等学校创新创业教育改革的实施意见》指出，支持高校学生成立创新创业协会、创业俱乐部等社团，举办创新创业讲座论坛，开展创新创业实践。

二、加大高校社团资源投入

高校社团建设的资源主要有两种：第一种是活动经费、场地的支持。通过访谈得知，多数社团的经费主要为会员缴纳的会费或商业赞助。然而，会员缴纳的会费远不足以支撑社团的活动开支，商业赞助则具有很大的不确定性，不能作为活动经费的主要来源。因此，社团活动经费还是主要依靠学校给予的经费投入。对此，学校既可建立专项资金，也可鼓励高校社团利用自身优势向社会提供有偿服务，这样不仅能解决经费短缺问题，还能扩充社团活动经费来源，更能使大学生参加更多的社会实践。另外，高校要进一步改善学生社团的必要设施和场地，充分利用校内资源，为社团提供固定的办公、活动场所，并为社团建设提供支持。第二种是管理资源的支持。除了高校建立的管理监督机制之外，更为重要的是社团专业的指导。通过调查和走访，本研究得知，虽然多数社团配备了指导教师，但其往往有名无实。首先是社团指导教师对社团活动的指导不够深入，其次是指导教师与社团专业不符，不能进行专业指导。在此问题上，高校应打破院系的局限，为社团配备合适的指导教师并促使其进行有针对性的指导。

三、建立相应的管理及监督激励机制

目前，我国已经针对学生社团的管理建立了相应的机制，并出台了《高校学生社团管理暂行办法》等文件，但是大部分社团管理规定仍流于形式。因此，高校应当建立专门的监督部门，对社团管理进行有效监督，并保留社团的自主性。

（一）成立特定社团管理监督机构，不定期抽检社团活动

调查发现，某些高校成立了专门的社团管理机构，但其往往是依托于校学生会的"闲职部门"。在社团管理、活动监督上，其往往流于形式，不能做到有效的管理与监督，这就使得管理监督部门形同虚设，无法发挥实际作用。

成立特定的社团管理监督机构，不定期抽检社团活动的质量，能在很大程度上促进社团自身发展。

（二）建立有效的奖惩机制，促进社团发展

通过走访，本研究了解到，现阶段，各社团的指导教师基本上是义务性地对社团展开指导。由此，造成了指导教师不上心、社团管理松散等问题。社团指导教师的帮助无疑对社团建设具有重大作用，因此，学校应对社团指导教师进行管理，如将指导指导纳入教师的课时量，根据指导教师对社团活动的指导情况对其进行相应的奖励等。另外，指导教师也需负起责任，如在社团举办活动时，对学生进行有针对性的指导；在社团对外交流时，为学生提供一些资源。这些都有利于社团开展自身建设。学生期望通过参加社团活动来满足自身发展综合能力的需要。人们具有不同强度的需求。成长、尊重或自我实现等精神需求对人的行为有激励作用。人的行为是不能由物质刺激满足的。对此，在激励的措施上，除了给予一定的奖金外，学校还应进行"社团先进个人""优秀社团""优秀毕业生"等评选，以使学生感到自己是社团的一分子，从而由自身的利益出发去关心社团的发展，充分发挥积极性、创造性和主动性，进而达到自我实现。这是高校实现有效激励、为社团发展提供保障的重要手段。同时，高校应定期进行社团评比，建立奖惩机制，对优秀社团进行奖励，对活动少且质量差的社团负责人进行专门培训等。

（三）针对不同类型社团进行分类管理与指导

高校学生社团一般分为思想政治类、学术科技类、创新创业类、文化体育类、志愿公益类、自律互助类，以及其他类。对于不同类型的社团，高校应给予不同指导。对于志愿公益类社团，高校要重视实践、增强交流、健全评价机制，以实现学生的自我评价；对于学术科技类社团，高校要加大投资力度、着重扶持、加强指导，完善社团导师制度，革新活动形式，营造浓厚的学术氛围；对于文化体育类社团，高校要采取适当监督、走社会化运作路线的管理方式，以增加其育人功能；对于思想政治类社团，高校要对大学生进行思想政治教育，以增强其领导、规范、组织能力，从而充分发挥其作用。对于近年来新兴的创新创业型社团，高校要给予一定的政策支持，如在综合素质评价上给学生加分等。同时，高校应为学生提供国家政策、市场动向等信息，并做好创业项目对接、知识产权交易等服务。

四、高校社团提升内生动力

高校社团的建设发展不仅要靠外力支持，还要靠自身发展的后劲。

(一) 社团筹划之初要进行校园调查

个别领域的爱好者切忌根据自己的爱好草率地举办社团，这样既容易违背规律，事倍功半；也可能导致很多相似社团的出现，从而使社团质量下降、特色不突出。

调查发现，很多社团的活动没有创新，特色很少。这就需要我们在建设社团之前进行严格的把关，明确社团的定位。

(二) 保持人员的稳定性和一定的流动性

调查发现，很多社团成员到了大二就因各种原因而隐退或者不积极工作，这样一来，社团的延续性和继承性就被割断，致使社团管理层青黄不接。因此，社团在选拔管理层时要有一定的原则。同时，定期注入一定的新鲜血液有利于社团的良性发展。

(三) 给予成员相对均等的锻炼机会

1. 让普通社员学会展现自己

管理层社员的锻炼机会往往较多，普通社员得到锻炼的机会则相对较少。所以，我们要确保以公平公正为原则，使每一个社员的能力都得到提高。例如，实行社长、部长轮换机制，以便更多的普通社员参与社团管理，从而使其充分地展现自己。

2. 创造合理的条件调动社员的积极性

有的社团活动缺乏竞技性，使得社团成员的个人兴趣或特长得不到很好的发展；有的社团活动互动性不强，既不能给社员创造更多沟通和交流的机会，也不能有效扩大社员的交往面；有的社团活动机会太少，使得社员没办法充分参与。所以，高校要提升社团活动的内容和质量，并开展一些有创新性的活动，以增强社团的吸引力和凝聚力，从而扩大社团的影响力。

(四) 社团管理更须规范化

1. 有效利用社团资源，加强社团的内部管理和外部协调与监督

社团活动并不应局限于学校内部，而应与其他高校的活动，甚至企业相联系。社团应积极对外交流，通过彼此资源的整合和利用，在加强社团内部管理的同时，积极开展与外部的协调活动。

2. 注重社团的延续性

调查发现，很多社团忽视了社团新老成员的衔接和传统的承袭，包括社团资料、活动档案的留存。社团组织者较为急功近利，只考虑眼前利益，缺乏长期规划。此外，监督制度的缺失、利益的驱动、品牌经营意识的淡薄等问题都使得许多社团无法传承。

3. 社团积极配合学校的管理

《高校学生社团管理暂行办法》指出，学生社团举办活动须遵守高校相关规章制度，并按照相应的审批程序进行，不得在学生中散布违背法律法规和党的路线方针政策的错误观点和言论，不得开展与其宗旨不符的活动，不得开展纯商业性的活动。社团应积极配合学校的管理并虚心接受学生的批评和建议，以使自身在完善中发展，在创新中进步。

4. 积极进行对外交流

当社团对内发展到一定程度时，对外发展就成为其进一步壮大的途径。沟通与交流就是对外发展的主题之一。社团不仅应从自身出发，积极主动地进行对外交流，以取长补短；还应扩大社员交往面，增强社团的吸引力和凝聚力，以扩大社团的影响力。

第六章　应用型本科高校师范生专业实践能力培养研究

第一节　应用型本科高校师范生教学实践能力培养的现状

一、调查问卷的编制说明及实施

本研究根据我国师范生教学实践能力培养现状的研究经验编制问卷，对石家庄学院部分本科师范生进行调查。为了保证调查回馈真实、有效，本次调查采用匿名的方式。问卷共设计 40 个题目，分为四大部分：调查对象的基本信息、培养师范生教学实践能力的实际情况、师范生自身 PCK[①] 的收获情况、PCK 视域下师范生对自身教学实践能力的认知。

此次调查的主要对象是大三、大四年级的小学教育专业、特殊教育专业、学前教育专业、教育学专业的部分师范生。本研究选择在一月上旬发放问卷。此时既是大三年级的部分师范生实习返校的时期，又是大四年级的多数师范生比较空闲的时间，因而有利于进行问卷调查。本次调查共发放问卷 101 份，回收 101 份，其中有效问卷 100 份，有效率为 99%。

二、调查结果及数据分析

（一）调查对象的基本信息

由表 6 - 1 可以看出，调查对象的基本信息包括年级和专业。此次调查的对象包括 40 名大三学生和 60 名大四学生。其中，小学教育专业的有 40 人、

_____

① PCK：学科教学知识的英文简称，意思是教师个人教学经验、教师学科内容知识和教育学的特殊整合。

特殊教育专业的有 26 人，学前教育专业和教育学专业的各有 17 人。由于小学教育专业的调查对象还包括专接本在内的大学生，所以人数偏多。

表 6-1 调查对象的基本信息

项目	选项	人数	比例
年级	大三	40	40%
	大四	60	60%
专业	小学教育	40	40%
	特殊教育	26	26%
	学前教育	17	17%
	教育学	17	17%

（二）专业实践的基本情况

1. 见习、实习安排

由下表可知，64% 的师范生参加过一次见习，68% 的师范生见习时间为两周。进一步调查发现，经历过一次见习的师范生中，80% 以上的学生选择了时间为两周的见习。另外，有 16% 的师范生参加过更长时间的见习。由此可见，大部分师范生仅仅参加过学校统一安排的见习，很少有人主动组织或参与其他类型的见习。

表 6-2 调查对象的见习情况

项目	选项	人数	比例
见习次数	一次	64	64%
	两次	32	32%
	三次	4	4%
	更多	0	0%
见习时间	一周	13	13%
	两周	68	68%
	三周	3	3%
	更多	16	16%

由表 6-3 可以看出，90% 的师范生经历过一次实习，84% 的师范生实习时间为一学期。参加过更多次实习的师范生仅占 1%，实习时间更长的师范生

仅有 2％。进一步研究可知，在参加过一次实习的师范生中，86％以上的师范生实习时间为一学期，这说明大部分实习生仅参加过学校统一安排的实习活动，实习形式比较单一。实习和见习是师范生进行教学实践的主要形式，对师范生 PCK 能力的发展具有十分重要的意义。

表 6 - 3　调查对象的实习情况

项目	选项	人数	比例
实习次数	一次	90	90％
	两次	7	7％
	三次	2	2％
	更多	1	1％
实习时间	一个月以内	1	1％
	一至两个月	0	0％
	两至三个月	13	13％
	一学期	84	84％
	更长	2	2％

2. 实践教学前的准备情况

由表 6 - 4 可以看出，在多样化的培训途径中，68％的师范生参与过模拟课堂，77％的师范生参与过观摩学习，这说明模拟课堂和观摩学习是该高等师范院校对师范生进行实习培训的重要途径。另外，有部分学生参加过其他形式的实习培训。进一步调查发现，选择微格教学的小学教育专业师范生要多于其他专业的师范生。

表 6 - 4　调查对象的实习培训途径

选项	人数	比例
专家讲座	21	21％
模拟课堂	68	68％
授课大赛	21	21％
观摩学习	77	77％
微格教学	24	24％
其他形式	15	15％

由表 6-5 可知，17%的师范生表示教师非常重视学科教学论；53%的师范生认为教师比较重视学科教学论；有 29%的师范生认为教师对学科教学论的重视程度一般；还有 1%的师范生认为教师不太重视学科教学论。由此可知，大部分高等师范院校的教师是比较重视学科教学论的，但也有少数教师不太重视学科教学论。学科教学论是师范生重要的专业课程，对师范生走向教师道路具有重要意义。因此，高等师范院校的任课教师应该对学科教学论予以高度重视。

表 6-5　教师对学科教学论的重视程度

选项	人数	比例
非常重视	17	17%
比较重视	53	53%
一般	29	29%
不太重视	1	1%
非常不重视	0	0%

理论指导实践，教学理论对师范生具体的教学实践有着重要的指导作用，但教学理论并非对所有的教学实践都有帮助。这是因为时代在发展，师范生还应根据实际情况进行教育实践。从表 6-6 中可以看出，60%以上的师范生认为教学理论对教学实践的帮助作用非常大或比较大，还有 33%的师范生认为教学理论对他们具体的教学实践帮助作用一般。由数据可知，大部分师范生能够认识到教学理论对教学实践的重要作用。

表 6-6　教学理论对教学实践的帮助认知情况

选项	人数	比例
非常大	19	19%
比较大	47	47%
一般	33	33%
不大	1	1%
没有	0	0%

3. 教学行为

由表 6-7 可以看出，有 65 人经常在课堂教学中采用讲授式的教学模式，占总人数的 65%；有 55 人在课堂教学中采用小组合作式的教学模式，占总人数 55%；有 72 人经常使用的教学模式是师生互动式教学，占总人数的 72%；除上述教学模式外，还有 5 人选择了其他模式的教学。由此可见，师范生在课堂教学中主要使用的教学模式为讲授式教学、小组合作式教学、师生互动式教学，其他几种教学模式则使用较少。

表 6-7　在课堂教学中使用最多的教学模式统计

选项	人数	比例
讲授式	65	65%
小组合作式	55	55%
自学指导式	22	22%
师生互动式	72	72%
角色模拟式	32	32%
案例式	16	16%
其他	5	5%

由表 6-8 可以看出，有 62% 的师范生进行课后反思的时长为半小时以内；23% 的师范生反思时长为半小时到一小时；5% 的人反思时长为一到两个小时；仅有 1% 的师范生会进行更长时间的课后反思；9% 的师范生则表示自己并不进行课后反思。从数据可知，大部分师范生会进行课后反思，少数师范生则并不重视课后反思。

表 6-8　实习期课后反思的时长统计

选项	人数	比例
不反思	9	9%
半小时以内	62	62%
半小时到一小时	23	23%
一到两个小时	5	5%
更长	1	1%

4. 教学指导

由表6-9可知，有60％的师范生表示，在实习过程中，实习地指导教师对实习生的教学指导非常重视或比较重视；有39％的师范生认为实习地的指导教师对实习生开展教学指导的重视程度为一般或不太重视；有1％的师范生认为实习地的指导教师非常不重视对实习生的教学指导。师范生进行实习的主要目的是提高自身的教学水平和教学效果，而实习地的指导教师比较了解该学校的教学环境及其学生的特点，他们对教学指导的重视对实习生达到实习目的具有非常重要的意义。

表6-9 实习地指导教师对实习生教学指导的重视程度

选项	人数	比例
非常重视	12	12％
比较重视	48	48％
一般	38	38％
不太重视	1	1％
非常不重视	1	1％

由表6-10可知，在被调查的100名师范生中，有75％的师范生对校外实习指导教师非常满意或比较满意，60％的师范生对校内实习指导教师非常满意或比较满意。对校外指导教师不太满意的师范生仅有1％，而对校内指导教师不太满意或非常不满意的师范生则有6％。由数据可知，大部分的师范生对校内外的指导教师是比较满意的，但是也有少数师范生对校内外的指导教师不太满意或非常不满意。实习生对实习地指导教师的满意程度要高于对校内指导教师的满意程度。

表6-10 对校内外指导教师的满意程度

选项	校外指导教师	比例	校内指导教师	比例
非常满意	13	13％	11	11％
比较满意	62	62％	49	49％
一般	24	24％	34	34％
不太满意	1	1％	5	5％
非常不满意	0	0％	1	1％

（三）实践教学中师范生 PCK 能力发展状况

由表 6 - 11 可知，在参与调查的师范生中，有 15％的师范生认为教学知识的学习有很大收获，16％的师范生认为学科知识的学习有很大收获，24％的师范生认为学生知识的学习有很大收获。被调查的师范生学生知识的收获水平明显要高于教学知识和学科知识。另外，10％的师范生认为教学知识没有多大收获，5％的师范生认为学科知识没有多大收获，7％的师范生认为学生知识没有多大收获；没有人选择没有任何收获这一选项。上述数据表明，大部分师范生通过学习和实践，都能提升自身的学科教学知识和教学能力。进一步调查可以发现，大四年级的师范生自身 PCK 的收获水平要明显高于大三年级的师范生。

表 6 - 11　师范生自身 PCK 的收获情况

选项	教学知识	比例	学科知识	比例	学生知识	比例
有很大收获	15	15％	16	16％	24	24％
有一些收获	75	75％	79	79％	69	69％
没有多大收获	10	10％	5	5％	7	7％
没有任何收获	0	0％	0	0％	0	0％

由图 6 - 1 可知，从整体上看，对于问卷中提到的各项学生知识，师范生的掌握情况为比较符合的大部分在 50％以上。学生知识是师范生在实习、见习等环节能够学习到的一种教学能力。由数据可知，师范生对学生知识的掌握程度并不十分理想。

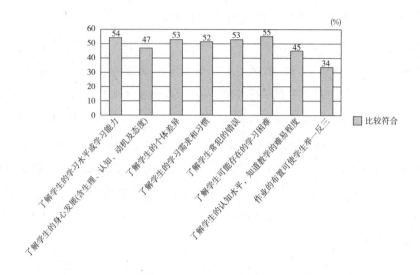

图 6-1　师范生对掌握的学生知识的掌握情况

由图 6-2 可知师范生所掌握的学科知识的符合度。从整体上看，40%左右的师范生能够理解并执行课程标准中的教学设计，40%的学生能够根据课程标准设计教学活动，能对教学内容进行深入分析、熟悉自身对所教学科教材内容的师范生各有 45%，30%的师范生知道所教学科的历史、文化等。进一步调查发现，师范生对学生知识的掌握程度要相对高于学科知识。

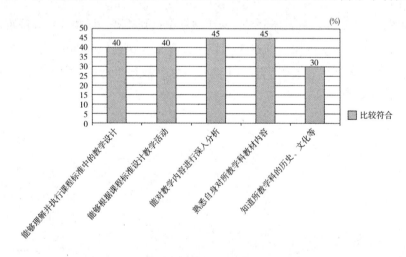

图 6-2　师范生掌握的学科知识的情况

由图 6-3 可知师范生所掌握的学科知识的符合度。从整体上看，师范生对各项教学知识的掌握情况为比较符合情况的比例均在 40％至 55％之间。综合图 6-1、图 6-2、图 6-3，可以看出，师范生对学生知识的了解程度相对较高，对学科知识的了解程度则较低。总体而言，PCK 视域下师范生的教学实践能力仍然有待提高。

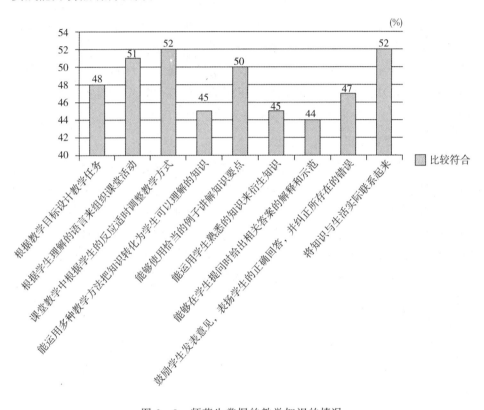

图 6-3　师范生掌握的教学知识的情况

第二节　应用型本科高校师范生专业实践改进建议

一、加强实践环节，提升师范生实践能力

实习、见习为师范生实践能力培养的主要环节，实践环节能够有效加强

师范生对学习知识的理解。高等师范院校应该根据学生的情况适当地增加实习、见习的时间和次数，以实现实习、见习形式的多样化。

（一）增加见习、实习的时间、次数

首先，本研究认为，高等师范院校应在不违反学校制度的前提下，在选择见习、实习的时间和次数方面给予学生更多的自主权。例如，高校可以在大一、大二阶段分别设定半个月左右的见习时间，并在大三、大四阶段分别设置一至两个月的实习时间，以使见习、实习次数适当增加。师范生可自主选择实习、见习时间，但必须完成学校规定的任务。这样不仅可以避免师范生仅有一次实习、见习机会的弊端，还能减轻师范生在毕业前实习中所面临的各种压力，从而使其有更多的时间去解决就业问题。

（二）实现实践形式的多样化

高等师范院校还应采用多样化的实践形式，如观摩优秀教师讲课、开展微格教学、开展教学技能大赛、进行教学实景演习、参与教学评价、进行教学反思等。实习阶段是师范生蜕变成一名人民教师的重要阶段。实习生只有努力学习和改进，才能提高自身的教学实践能力，成为一名合格的教师。培养合格的人民教师是高等师范院校不可推卸的责任，因此，高等师范院校应在这条道路上不断摸索和创新，寻找更加高效的培养方式。①

二、优化课程结构

高等师范院校要重视师范生对学科知识和教学知识等理论知识的学习，这些知识是教师确立合理的教学目标、选择恰当的教学内容和教学策略、科学地进行教学评价的基础和依据。虽然理论知识的学习至关重要，但高等师范院校还是应加强教育实践环节。只有将理论与实践相结合，才能更好地推动理论与实践共同发展，从而提升师范生的教学实践能力。

（一）实现课程综合化

要设立与中小学教学实践密切相关的课程，如发展心理学、教育社会学、学校管理学、社会教育、青少年心理学等课程。师范类院校开设的教育类课程需要加强同基础教育课程改革的联系，不断地丰富教育课程内容，把基础

---

① 李明高，葛仁福.高师院校学生教学实践能力训练体系与构建策略［J］.淮阴师范学院学报（哲学社会科学版），2016，38（5）：687-690.

教育改革中所提出的新的教育理念融入教育课程内容，以使学生了解并掌握最前沿、最实用的教育理论知识，从而拓宽其教育视野。[1]

（二）加大实践课程比重

优化课程设置，制订合理的教学实践环节，能够有效地提升师范生的实践教学能力。在优化课程结构之前，我们必须明确培养目标，即教师教育应该培养具备什么样素质的人才，是研究性的教师、纯学术性的教师，还是教书匠？明确这一问题之后，再确立合理的教学内容体系，对师资的培养做出适当的调整。当然，不同类型的师范院校应该根据自身的优势，确定切合实际的教育专业人才培养目标，从而实现理论教学和实践教学的整合和优化。

（三）建立开放性教师培养模式

要建立一个能够与中小学密切结合，重视师范性、创新性的开放性教师培养模式。[2]可结合前人研究的三位一体实践能力培养模式、"三层五段七化"的教学实践能力培养模式、"三个课堂"有机融合的培养模式等，通过实践总结出一套适合自己学校特色的培养模式。在培养师范生专业学科知识的同时，教师应该渗透知识背后的思想、文化等，以使师范生形成系统的知识结构。

三、完善实习基地建设

实习基地是实践教学体系必不可少的环境因素，这种建设并不单纯以发展实习基地数量为主，而是以其为依托，最大限度地发挥实习基地的效能，推进教师教育培养模式的优化和变革。[3]完善实习基地建设，在一定程度上可以为师范生 PCK 能力的提升提供物质支持。

（一）加强硬件设施建设

高等师范院校应加强实习基地的硬件设施建设。应加大经费投入，为师范生创造良好的实践教学训练基地，包括实习生的食宿、劳务保护、多媒体、微格课堂等。这些设施的完善不仅能够为实习生提供良好的实习环境，满足其需求，还能在一定程度上提升实习基地的教学质量。

---

① 苏玉华. 新课改背景下提高师范生教学技能训练的有效途径 [J]. 科教文汇（下旬刊），2017（18）：84-85.

② 肖自明，秦文孝. 高等师范教育应对基础教育课程改革的方略 [J]. 广西师范大学学报（哲学社会科学版），2007（4）：78-81.

③ 谢大滔. 师范生教学实践能力的培养策略探讨 [J]. 湖南科技学院学报，2016，37（9）：145-147.

（二）提高师资水平

为提高中小学教师的师资水平，高等师范院校可以充分利用自身的资源，邀请中小学教师走进高校、走进课堂，学习最新的理论知识，巩固并提升自我。高等师范院校甚至可以采用置换培训的方式，以提升中小学教师的专业素质。实习基地建设还要结合师范院校的特点，凸显专业特色，提升学生的实践能力、创新能力和社会职业素养。[①]

四、提升指导教师的专业水平

教师具有良好的专业水平，能够在一定程度上减轻教学知识学科化现象。

（一）培养"双师双能型"教师

高校教育专业需要建设一支高素质的"双师双能型"教师队伍，以实行教师职前理论、实践教育的双导师制，从而更好地提升学前教育专业学生的领域教学知识。[②] 高等师范院校的指导教师应主动走进中小学，抽出一定时间去听课并与中小学的教师讨论教学教法。在经过允许的情况下，其也可以参与中小学的教研活动。高等师范院校的指导教师在实践教学期间还应该多与实践基地的指导教师沟通，以便实时地掌握师范生的实践情况。指导教师参与越多的中小学实践活动，就会积累越多的实践经验，就越能够结合具体的理论知识给予师范生更好的教学指导。

（二）建立完善的教师培养机制

通过与中小学进行合作，高等师范院校可以将优秀的中小学校园设置为指导教师的培训基地，并对高校教师进行分批量、分阶段的定期培训。另外，高等师范院校还应完善教师教学效果的考核机制。教师教学效果的考核除了参考学生考试成绩外，还应结合教学评价、学生的综合能力等方面。适当的奖励是教师工作的动力，因此，高等师范院校应设立多种优秀教师奖项，或将教师的教学质量与其教学津贴挂钩，这不仅可以提高教师工作的积极性，还能吸引更多的优秀人才。总之，师范生教学实践能力的培养单靠学科教学教师是远远不够的，因而必须建立一个相互合作、共同指导和培养的"立体

---

① 娄琪. 提高师范生教学实践能力途径探析 [J]. 教育现代化，2016，3（17）：123-124，126.
② 张晗. PCK 及其对幼儿园教师职前职后教育的启示 [J]. 中国成人教育，2015（24）：131-133.

化"的教师队伍。[①]

五、强化教学反思

PCK 作为一种转化的智慧，是教师个人的经验总结。教师只有不断反思实践教学，并经历多次的实践—反思—实践，才能逐渐形成具有个性特征的PCK。[②] 这里所说的反思，不仅指教师对自己的教学实践进行反思，还指教师要通过听课、观看视频课程的方式对他人的教学实践进行反思。为了增强师范生的反思效果，高等师范院校应该做到如下几点。

(一) 减少师范生的工作量，培养其进行教学反思的习惯

在实习过程中，师范生经常被当作"免费劳动力"。他们用大量的时间上课、备课、批改作业，缺少充足的教学反思时间，因而也就无法养成良好的反思习惯。只有给予师范生足够的反思时间，才能保障教学反思的质量。师范生只有积极主动地进行教学反思，养成课后必反思的好习惯，才能有效地提升教学实践能力。因此，指导教师应有意识地让师范生进行教学反思，组织其通过科研小组等形式进行课后交流，并对其进行积极的引导，以使其逐渐形成进行教学反思的习惯。

(二) 学习关于教学反思的理论知识

教师应当向师范生传授教学反思的理论知识。如果师范生在教学反思上缺乏技巧、方式，那么其反思的效果就无法达到。因此，教师可以通过增设相关课程来使师范生掌握教学反思的技巧，从而使其教学反思的质量得到提高。对实践自主的持续性的反思是教师理解复杂教育实践的必要条件，既有助于增强其自我解放和赋权意识，又有助于增强其发展的自主性和能动性，还有助于避免其专业实践能力的发展陷入技术化、工具化的误区。[③]

---

① 王娜. 教学实践能力在教育实习中存在问题的调查研究：以新疆某师范学校数学专业为例 [J]. 新疆师范大学学报 (自然科学版)，2016，35 (3)：92-96.

② 郭艳红，方志军. PCK 理论视域下我国体育教师职前培养的路径选择 [J]. 成都体育学院学报，2018，44 (2)：116-120.

③ 戚万学，王夫艳. 教师专业实践能力：内涵与特征 [J]. 教育研究，2012，33 (2)：95-102.

第七章　应用型本科高校师范生专业技能实训研究

第一节　应用型本科高校师范生技能实训现状

一、调查对象

调查对象为石家庄学院汉语言、数学教育、体育教育、小学教育、教育学等专业的学生。本研究在大三以上年级的学生中随机抽取 100 人参与问卷调查。

二、调查结果及其分析

（一）调查对象基本信息

调查对象的基本信息包括性别、专业、生源地、第一志愿意向等。

调查显示，参与问卷调查的 100 名学生中，14％为男生，86％为女生，这反映了师范院校女师范生的数量大大超过男师范生，符合师范院校的现状。80％的师范生来自农村，20％来自城镇。石家庄学院为地方性二本院校，生源质量不高，农村生源所占比例较高。在志愿的选择方面，63％的人选择师范专业为第一志愿，37％的人没有选择师范专业为第一志愿。第一志愿的选择非常重要，它会在一定程度上影响师范生在从教意愿与专业实训上的态度。样本具体分布情况如表 7 - 1 所示。

表 7 - 1　调查对象基本情况统计表

项目	选项	人数	百分比
性别	男	14	14％
	女	86	86％
专业	师范文科	84	84％
	师范理科	9	9％
	师范艺体	7	7％
生源地	农村	80	80％
	城镇	20	20％
是否第一志愿为师范专业	是	63	63％
	否	37	37％

（二）师范生对专业技能的认知程度

1. 对专业技能的认知

77％的师范生对所在专业的技能培养目标的了解程度是"非常了解"或"比较了解"。由此可见，绝大部分的师范生能够明白所在专业的培养目标，能够意识到专业技能对师范生的重要性，但少部分师范生对专业培养目标的认知仍然比较薄弱。

2. 对教师专业技能具体内容的了解程度

"师范生对本专业技能的内容和要求的了解程度"的调查统计结果显示，有9人选择"非常了解"，占比9％；40人选择"比较了解"，占比40％；选择"不了解"和"非常不了解"的人共占51％。从调查结果可知，部分师范生对专业技能的内容和要求了解得比较透彻，但还是有将近一半的师范生处于模糊的状态。

3. 师范生专业技能课程设置的调查情况

（1）教育类（如教育学、心理学等）课程内容的丰富性和实用性。对教师培养而言，教育类课程是教师专业发展的基础。目前，石家庄学院教育类课程包括普通心理学、教育概论、中国教育史、外国教育史、社会科学通论、自然科学通论、教育科学研究方法等。在"教育类（如教育学、心理学等）

课程内容的丰富性"上，62％的师范生认为"非常丰富"或"比较丰富"，认为"一般"或"比较枯燥"的师范生则占38％。教育类课程是专业技能实训的重要保障，内容的丰富性对实训的效果有很大影响。教育类课程的内容较为丰富，但仍有少部分师范生认为课程比较枯燥。"教育类（如教育学、心理学等）课程的实用性"的调查结果显示，共有58人认为"非常强"或"比较强"，而认为"一般"或"不太强"的共占42％。由此可见，多数的师范生认为教育类课程实用性较强，能够满足学习需要，但还有少数的师范生认为课程实用性较弱，因而学校还需要在课程上有所改进。（如表7-2、表7-3所示）

表7-2 教育类（如教育学、心理学等）课程内容的丰富性

选项	人数	百分比
非常丰富	8	8％
比较丰富	54	54％
一般	29	29％
比较枯燥	9	9％

表7-3 教育类（如教育学、心理学等）课程的实用性

选项	人数	百分比
非常强	4	4％
比较强	54	54％
一般	39	39％
不太强	3	3％
不强	0	0％

（2）专业技能类（含实训）课程比例。专业技能类课程分为教师技能课程和学科教学法课程两类。其中，教学技能课程包括教师书写技能、教师语言技能、现代教育技术、美术教学基础、音乐教学基础等；学科教学法课程包括小学数学课程与教学论、小学心理活动设计、小学英语课程与教学论、小学语文课程与教学论等。专业技能类课程是培养师范生专业技能的核心，

它的课时占比非常重要。对于专业技能类课程比例是否需要调整，调查结果显示，71％的学生认为要提高专业技能类课程在所有课程中的占比，20％的学生认为应不做调整，还有9％的学生认为要降低比例。可见，绝大部分师范生要求提高专业技能类课程比例。（如表7-4所示）

表7-4 对专业技能类（含实训）课程比例调整的态度

选项	人数	百分比
提高比例	71	71％
不做调整	20	20％
降低比例	9	9％

4. 师范生专业技能掌握情况

本研究在对师范生所需掌握的六项技能（现代教育技术、普通话与口语表达能力、书写与书面表达能力、教学技能、班主任工作技能、教育研究技能）进行调查时发现，掌握较好的技能为"普通话与口语表达能力"和"书写与书面表达能力"两项。其中，86％的师范生在普通话与口语表达能力方面选择了"非常好"或"比较好"，71％的师范生在书写与书面表达能力方面选择了"非常好"或"比较好"。其他技能则掌握程度较差，尤其是班主任工作技能和教育研究技能。其中，班主任工作技能方面，选择"非常差"或"比较差"的学生共占72％；教育研究技能方面，选择"一般"或"比较差"的学生共占79％。由此可见，师范生在某些技能的掌握上还是比较欠缺的，需要努力去提高自己的技能水平。进一步研究数据发现，专业技能的掌握情况与性别有关。在现代教育技术方面，男生比女生掌握情况要好，约高13.8％。在书写与书面表达能力、教育研究技能和教学技能方面，女生比男生更有优势，都比男生高出10％以上。可见性别因素对师范生技能的掌握程度有着较大影响。（如表7-5所示）

表7-5 师范生对自身教师专业技能的掌握程度

程度 技能	非常好	比较好	一般	比较差	非常差
现代教育技术	9％	35％	52％	4％	0％

技能＼程度	非常好	比较好	一般	比较差	非常差
普通话与口语表达能力	23％	63％	11％	3％	0％
书写与书面表达能力	4％	67％	25％	4％	0％
教学技能	9％	35％	50％	5％	1％
班主任工作技能	2％	3％	26％	54％	15％
教育研究技能	3％	17％	60％	19％	1％

5. 师范生专业技能实训任课教师教学情况

（1）专业技能实训任课教师教学水平评价。调查发现，共有55％的师范生认为教师教学水平"非常高"或"比较高"，认为"一般"或"较差"的共占比45％。可见，大部分师范生对任课教师的教学水平还是比较认可的，但仍有部分师范生对任课教师的教学水平不满意。例如，某些教师存在普通话水平不达标，教姿、教态不符合教师职业标准等问题。因此，教师需要不断地进行自我提升。

表7-6　专业技能实训任课教师教学水平评价

选项	人数	百分比
非常高	12	12％
比较高	43	43％
一般	35	35％
较差	10	10％
非常差	0	0％

（2）专业技能实训任课教师专业技能讲解水平评价。调查显示，在专业技能要领的讲解中，认为教师讲解"非常清楚"或"比较清楚"的师范生共占总体的57％，"比较模糊"或"不清楚"的则共占43％。由此可见，在专业技能要领的讲解方面，教师还存在一些问题，致使师范生不能清楚地理解运用技能的要领。（如表7-7所示）

表 7 - 7　专业技能实训任课教师专业技能讲解水平评价

选项	人数	百分比
非常清楚	10	10％
比较清楚	47	47％
比较模糊	41	41％
不清楚	2	2％

（3）专业技能实训任课教师专业技能示范水平评价。调查发现，有27％的师范生认为教师的教学示范"很好"，60％的师范生认为"一般"，认为"比较差"或"没有做"的师范生共占比13％。这反映出师范生对实训教师的专业技能示范的满意度不是很高，有的教师因为课堂时间有限，甚至取消技能示范环节。如表7-8所示。

表 7 - 8　专业技能实训任课教师专业技能示范水平评价

选项	人数	百分比
很好	27	27％
一般	60	60％
比较差	12	12％
没有做	1	1％

（4）专业技能课上提供的练习时间。调查显示，认为教师在专业技能课上提供的练习时间"非常充足"的师范生有3人，认为"比较充足"的有48人，认为"一般"的有38人，11％的师范生认为"不太充足"或"非常少"。练习时间对专业技能的培养是很重要的，是师范生熟练掌握技能的基础。由此可见，教师在专业技能课上提供给师范生练习的时间还是不太充足。（如表7-9所示）

表 7 - 9　教师在专业技能课上提供的练习时间统计

选项	人数	百分比
非常充足	3	3％
比较充足	48	48％

选项	人数	百分比
一般	38	38％
不太充足	9	9％
非常少	2	2％

（5）实训课教师的教学形式和教学手段。调查显示，在教师于实训课上采用的教学形式中，选择"教材讲解"的人数最少，占总选择次数的29.02％，占总人数的56％；选择"案例分析"的人数最多，占总选择次数的36.27％，占总人数的70％；选择"模拟教学"的则占总选择次数的34.72％，占总人数的67％。在教师采用的教学手段方面，选择人数最多的是"多媒体"，占总选择次数的49.19％，占总人数的91％；其次是选择"板书"的，占总选择次数的31.35％，占总人数的58％；最少被选择的是"微格"，占总选择次数的19.46％，占总人数的36％。由此可见，大多数教师在教学形式上比较有创新性，能够与时俱进；在教学方法上则比较落后，较少使用微格教学。如表7-10所示。

表7-10　实训课教师的教学形式和教学手段

		选择次数	占总选择次数的比例	占所有调查者的比例
教学形式	教材讲解	56	29.02％	56％
	案例分析	70	36.27％	70％
	模拟教学	67	34.72％	67％
教学手段	板书	58	31.35％	58％
	多媒体	91	49.19％	91％
	微格	36	19.46％	36％

（6）教师在专业技能实训上的指导。调查显示，在教师专业技能实训指导方面，仅有6％的师范生认为"充足"，56％的师范生选择"比较充足"，选择"不充足"或"很少"的则共占38％。可见，在教师专业技能指导方面，师范生还是比较满意的，但仍有部分师范生认为指导不充足，这可能是因为课堂时间短，学生人数较多，教师不能对其进行一一指导。

如表 7 - 11 所示。

表 7 - 11　教师在专业技能实训上的指导

选项	人数	百分比
充足	6	6%
比较充足	56	56%
不充足	36	36%
很少	2	2%

（7）专业实训课的评价方式。调查发现，选择平时成绩、期末考试成绩与课堂试教相结合的，占总人数的 70%，占总选择次数的 39.32%；选择课程论文与课堂试教的师范生较多，分别占总人数的 37% 和 48%，分别占总选择次数的 20.79% 和 26.97%；选择书面考试的占总人数的 23%，占总选择次数的 12.92%。可以看出，实训考核用课堂实践的方式还比较少，在评价方式上还需有所改进。如表 7 - 12 所示。

表 7 - 12　专业实训课的评价方式

选项	选择次数	占总选择次数的比例	占所有被调查者的比例
书面考试	23	12.92%	23%
课程论文	37	20.79%	37%
课堂试教	48	26.97%	48%
平时成绩、期末考试成绩与课堂试教相结合	70	39.32%	70%

6. 专业技能实训的组织保障情况

（1）资源保障。在学校提供的练习场所方面，54% 的师范生认为"完全能满足练习需要"或"基本能满足练习需要"，40% 的师范生认为"不太能满足练习需要"，6% 的师范生觉得学校"没有专门的练习场所"。在学校提供的设备设施方面，48 人认为"完全能满足练习需要"或"基本能满足练习需要"，共有 52 人认为"不太能满足练习需要"或"没有提供练习的设备"。这在一定程度上反映出学校在专业技能训练上没有给予师范生足够的支持，在资源保障上还需加强。如表 7 - 13、7 - 14 所示。

表 7 - 13　学校提供的练习场所

选项	人数	百分比
完全能满足练习需要	6	6％
基本能满足练习需要	48	48％
不太能满足练习需要	40	40％
没有专门的练习场所	6	6％

表 7 - 14　学校提供的设备

选项	人数	百分比
完全能满足练习需要	6	6％
基本能满足练习需要	42	42％
不太能满足练习需要	46	46％
没有提供练习的设备	6	6％

（2）活动组织。在学校或院系开展的教师专业技能竞赛、比赛等活动方面，仅有 4％ 的师范生认为"非常多"，26％ 的师范生选择"比较多"，47％ 的师范生选择"一般"，23％ 的师范生选择"比较少"或"非常少"。这既说明学校在活动组织上没有规定的时间与相应的制度，活动组织较缺乏，也在一定程度上反映出学校对师范生专业技能实训的重视程度不够。如表 7 - 15 所示。

表 7 - 15　学校活动组织

选项	人数	百分比
非常多	4	4％
比较多	26	26％
一般	47	47％
比较少	21	21％
非常少	2	2％

7. 师范生专业技能自主训练情况

(1) 自主训练的时间。师范生专业技能提高的基础是投入大量时间进行练习。调查结果显示，只有 2％的师范生进行专业技能自主训练的时间"非常多"，20％的师范生用于自主训练的时间"比较多"，55％的师范生用于自主训练的时间为"一般"，23％的师范生自主训练的时间"比较少"或"非常少"。由此可以看出，师范生在自主训练上投入的时间不是很多，自主训练效果较差。这反映出师范生的自主性不强。进一步研究发现，自主训练时间的长短与性别、第一志愿的选择有较大关系。在性别上，女生比男生投入的时间多。第一志愿为师范专业的师范生在自主训练方面比没有选择师范作为第一志愿的师范生投入的时间多。如表 7 - 16 所示。

表 7 - 16　自主训练投入的时间

选项	人数	百分比
非常多	2	2％
比较多	20	20％
一般	55	55％
比较少	21	21％
非常少	2	2％

(2) 自主训练内容的选择。调查显示，在专业技能自主训练的内容选择上，师范生更倾向于"教师专业技能课程的加强"和"根据个人兴趣训练"，分别占比 37％和 36％；"受他人影响选择训练内容"的占 17％；"根据个人特长训练"的占 10％。由此可见，师范生在自主训练内容的选择上比较随意，有一定的盲目性，能够看出其在自主训练上缺乏指导。如表 7 - 17 所示。

表 7 - 17　自主训练内容的选择

选项	人数	百分比
教师专业技能课程的加强	37	37％
根据个人兴趣训练	36	36％
根据个人特长训练	10	10％
受他人影响选择训练内容	17	17％

第二节 加强应用型本科高校师范生专业技能实训的对策思考

一、学校应加强组织管理，健全制度保障

学校主要管理部门要认识到专业技能实训在师范生培养方面的重要性，高度重视训练，健全师范生实训管理制度，完善师范生专业技能实训的课程结构与设置。

（一）健全管理制度，保障实训进行

健全管理制度的目的是规范教育行为，更好地推进教育实践。首先，高校应建立专门的教师教育培养管理机构。应以教育学院为主体，与其他各学院教师教育负责人协商师范生培养管理制度，以形成流畅的师范生培养计划、培养过程以及验收评价的管理机制。其次，高校要简政放权，扩大院系自主管理权限。校级部门主要抓宏观管理和目标管理，各院系、各部门则拥有相应权力。在管理上，用人与治事相结合，责、权、利相统一，保证师范生实训的每一环节都有相应的负责人。最后，高校应对自身的组织结构、人员安排进行优化。对于组织当中的个人，高校应该根据个人的才能和专业技能来进行岗位上的安排，即明确组织内部个体的分工；应努力创造条件，积极开展活动，搭建教师互动交流的平台，加强教师间的沟通，以增强组织的凝聚力，营造良好的组织氛围；还应调动高校各个部门成员的积极性，使其投入师范生专业实训，从而提高师范生培养效率。

（二）优化课程设置，增加实践课程

大学课程课时有限，教师教育类课程占比较低，实训课的课时则更少。首先，在课程设置上应加大教育理论课程和专业技能课程的比例，突出师范性特点。教育部印发的《教师教育振兴行动计划（2018—2022年）》提出，要明确教育实践的目标任务，构建全方位教育实践内容体系，与基础教育、职业教育课程教学改革相衔接，加强对"三字一话"等师范生教学基本功的训练，增强与中小学的联系，以了解一线教学的现状，从而加强对师范生专

业技能的培养。其次，将专业技能训练系统化，明确培养理念，设置培养目标，以使理论与实践、讲授与技能训练有机结合，从而提高师范生的专业技能。最后，在课时总数有限的情况下，避免课程内容的重合，整合课程内容。在课程的学习上，以理论为导向，同时进行实践练习，着重培养师范生专业技能。教育学、心理学和学科教学法这些课程也要注重为专业技能的培养服务。教师教育课程内容应该关注"实践知能"的需要，将一系列核心实践置于专业学习的中心，带领未来的教师在复杂的实践中体会在何时、何种条件下调用何种知识①。

二、加大经费投入，完善实训条件

（一）加大经费投入，保障实训练习

调查过程中，师范生都指出了学校提供的资源有所不足这一问题。虽然高校都配备了实训室和教学设备设施，但真正提供给师范生用以练习的却不够充足。专业技能活动的匮乏源于经费的不足。任何教育活动都需要一定的资源投入，如物力、人力、场地、设备，而这些都需要投入经费。因此，学校要想为专业技能实训做好保障工作，就要在师范生培养上加大经费投入。目前，教育部提出支持办好师范类本科专业，加大义务教育阶段学校本科层次教师培养力度，加大教师教育财政经费投入力度，提升教师教育保障水平。这说明，国家对师范生培养重视程度有所提高，其给予高校的经费也相应地有所增加。

现阶段，如果高校想要在基数一样的情况下争取到更多的政府财政拨款，就需要不断优化自身办学特色，提高自身的办学能力、办学质量。教育部目前出台的计划也指出，应加强教师教育院校师范生教育教学技能实训平台建设。此外，国家和地方有关重大项目也要充分考虑教师教育院校特色，在规划建设方面予以倾斜。因此，高校应明确自身师范院校的身份，利用国家相关产业政策，充分发挥自身的资源优势，积极发展自身独有的特色学科和特色课程，并与政府部门合作，以获得资金支持。同时，可以通过人员交流，与企业、科研单位进行合作，积极开展联合办学，多方面开通筹资渠道，拓

---

① 蒋茵.基于实践的教师教育课程实践路径的建构［J］.当代教育科学，2018（1）：42-45.

宽资金来源，确保师范生专业技能实训的资源保障。另外，实训室、教学设备应本着共享理念，派专人管理，建立预约制度，从而既方便师范生在课余时间自由使用，又有利于提高实训室和设备的使用率。

（二）编写实训教材，完善实训目标

教材是教学不可或缺的重要组成部分，是教学内容和教学方法的知识载体，是教与学的主要工具。教材的品质，直接影响着教学的质量和对师范生的培养。编写实训教材成为当务之急，教材编写的最终目标是培养优秀的中小学教师，它的编写必须与师范生培养相适应，与课程结构相协调。首先，高校应建立编写奖励与保障制度，鼓励教师编写教材，成立教材编写项目组，提供资金支持，并且在职称评审中加入教材编写量指标，以提升教师参与教材编写的积极性。其次，在编写人员建设上，高校应协同中小学一线优秀教师和专家共同参与教材编写，以提升教材的基础性、完整性、科学性、先进性、可读性和启发性。在内容上，高校不能盲目追求理论框架，而要重视师范生的兴趣培养。不仅要考虑师范生的理论知识体系，还要考虑专业技能实训的实践性和教育一线的需求，选择师范教育发展前沿的内容，确保教材内容使师范生得到系统完整的培养。

（三）发挥社团作用，加强课余练习

近年来，师范院校不断进行改革，优化课程设置，师范生的课业压力变小，课余时间不断增加。在此种背景下，社团成为师范生在课余时间进行集体专业技能训练的重要阵地，因而是师范生不可或缺的第二课堂。因此，高校应围绕"教师专业技能培养"的发展设置一批有师范特色的社团。随着学校的扩招，班级的规模逐渐扩大，各院系的人数迅速增加。然而，社团的容纳量非常有限。另外，专业技能训练要求同时参与的人数不能太多。所以，高校应以班级兴趣小组活动为基础，在班级兴趣小组之上建立校级社团。班级课外兴趣小组主要是帮助师范生达到基本专业技能的培养要求，校级社团是让师范生向专业化的教师转变。二者结合能为师范生专业技能实训提供练习的机会与平台。

为保障社团的正常运行，高校应为社团活动提供经费支持。为提高学生的参与性和积极性，高校应把社团活动成效计以相应的学分，以此有效促进社团活动，加强师范生的课余练习。

（四）开展技能大赛，检验技能水平

师范生教学技能大赛是评估师范生技能水平的活动，是对师范生课堂掌控能力、教师角色把握能力、教姿教态的考查，是衡量高校教学质量的重要指标。因此，高校应重视师范生技能大赛的开展。高校要多开展技能大赛，以训促赛、以赛促练，从而使师范生带着问题、带着需求在实践中锻炼成长。另外，技能大赛也有助于教师对教育、教学有更深层次的感悟。

三、加强教师队伍建设，提升实训效果

（一）进行教师培训，提高教师水平

教师是教育活动中最重要的人力资源。高等院校师资队伍建设是一项具有长期性、基础性、战略性、复杂性的工作[①]。教师在师范生专业技能实训方面起着关键作用。师范生对教师专业技能学习的深度及学习的速度，取决于教师的能力。因此，高校应为教师队伍的建设建立相关机制。同时，高校应开展有关教师专业技能实训的研究、交流活动，以使高校教师了解基础教育的现状与动向，从而提高专业技能教学的实效性。

高校教师工作任务繁重。除授课外，他们还有繁重的科研任务。因此，为了提高教师的积极性，高校可以采用物质激励与精神激励相结合的方式，将教师自我激励与高校、同事和师范生激励相结合，以提高学校教师队伍的整体水平。一方面，高校要大力营造尊师重教的良好氛围，以使教师在教学上有成就感；另一方面，教师要从自身出发，努力践行高校教师职业道德规范，并以有理想信念、有道德情操、有扎实学识和有仁爱之心的"四有"好老师的标准严格要求自己，做到德高为师、身正为范[②]。

（二）加强教师指导，提升实训效果

教师在师范生专业技能培养中扮演着重要角色，是师范生专业技能成长路上的引路人。教师应按照专业教师的成长路径，提升师范生的专业技能。高校应加强教师的角色定位，实行专门化岗位，并为教师提供额外报酬，激

---

① 高洁. 吉林省独立学院师资队伍建设研究 [D]. 长春：长春工业大学，2012.

② 高芦瑶. 甘肃省普通高等学校师资队伍建设现状、问题与对策研究 [D]. 兰州：兰州大学. 2016.

发教师在指导上的积极性。但高校教师缺乏对一线教学的认识和一线教学经验，不能很好地解决师范生实际遇到的问题。因此，高校应建立内外联动的"双导师制"，聘请教育一线教师担任专业技能实训的指导教师。中小学一线教师具有丰富的教育教学实践经验，对基础教育有更直观的认识，既可以为师范生提供直观的教学经验，又可以有针对性地对师范生进行专业技能训练。由此，中小学一线教师弥补了高校教师对基础教育实践相对了解较少的不足，二者合力，取长补短，共同促进师范生专业技能的提升。

四、增强教师教改意识，改进教学方式

（一）增强改革意识，改进教学模式

调查发现，实训课堂仍以教师讲授为主，留给师范生用以练习的时间较少，并且，教师在讲解、示范上不能让师范生满意。陶行知认为"知行教合一"是造就师资的根本方法。因此，教师应不断改进授课方法，从"以教师讲授为主"向"以学生练习为主"转变；应尝试多种授课方式，以提高师范生的实践能力。

首先，教师在授课时，可以采用"讲解—演示—练习—答疑—总结"的步骤[①]。教师可按照程序性知识理论，采用边讲边练的方式，就专业技能的要领进行演示。师范生随后模仿练习，若出现问题，教师应及时解答。这对教师的授课提出了更高的要求，教师应将新知识、重难点、技能要领作为主要内容，并讲清、讲透，尽量给予师范生较多的练习时间。教师要自觉打破课堂教学理论与实践之间的壁垒，要根据实际情况创新实践教学方法，丰富实践教学内容和理论基础，以使理论知识与实践紧密结合。这是因为，教育学科不是纯粹的教育理论，要结合各学科的具体内容和实际教学场景，分析和探讨具体的教育问题[②]。

教师还可以尝试利用多种多样的实训模式来提升课堂学习效果。在实训中，教师可以采用师范生模拟教学、演示性教学、案例教学、操作性实

---

① 刘玉清，李红玲，张晓青. 编辑出版学专业实训课实施国家标准的约束条件与突破路径 [J]. 实验技术与管理，2016，33（8）：191-194，202.
② 刘德华，赵亚莉. 美国小学教师标准与小学教育专业的课程设计：以佐治亚州立大学早期儿童教育专业为例 [J]. 教师教育研究，2006（5）：75-81.

训等形式，组织多种多样的教学竞赛，开展形式多样的教学活动①，以使技能学习不局限于课堂。随着科学技术的发展，教学手段也在与时俱进。教师可以将现代化手段引入教学，利用多媒体技术、数字建模、flash动画技术等构建现代化的课堂，以加强立体感与直观性，创建生动活泼的课堂环境，使教学的信息量得到增加，从而更好地提升课堂效果。

（二）注重实践能力，改变评价方式

在专业技能课程的评价方面，教师应着眼于师范生专业技能的养成，定期对师范生进行考查。在内容方面，教师不能仅考查师范生对知识的记忆情况，还应该注重对师范生的实践能力、教育教学技能、创新能力、基础文化素养等综合素质的考核与评价。在评价方法上，将量化评价方式与性质评价方式相结合，将形成性评价与终结性评价相结合，并改革考试的方法，如采用实践操作、口试等方式。总之，课程评价要全面考查师范生的综合素质，以师范生为主体，注重其发展的阶段性和可能性，提高师范生的培养质量。

五、激发学习动机，提高自主训练积极性

（一）深化技能认识，激发学习兴趣

师范生的成长是师范生将新课标理念内化为教学行为的过程，因此，需要经历一个积极、主动的自主建构的过程②。高校应以入学教育为起点，规划并实施师范生入学教育系列活动，引导师范生初步形成稳定的职业信念与职业期望。在教学中，教师应鼓励学生自主学习，以使其通过分析新课标明确新型教师培养标准，并对达到教师标准充满信心，从而产生学习兴趣。只有专业技能训练的内容与师范生的个人职业规划发展、个体需求相契合，师范生才会展现出较大的兴趣。

（二）明确练习内容，改善训练效果

在访谈中，本研究发现，尽管已经具备一定的自我管理能力，但部分师范生因没有在自主训练中得到教师的指导与引领而在训练内容上缺乏方向。

① 余新武. 师范生教学技能模拟实训课程创新探索 [J]. 湖北第二师范学院学报，2017，34（1）：76-81.
② 苏玉华. 新课改背景下提高师范生教学技能训练的有效途径 [J]. 科教文汇（下旬刊），2017（18）：84-85.

因此，教师应加强对师范生的监督，并对其自主训练的内容与质量给予关注，以引导其掌握正确的学习方法[①]。在师范生自主训练方面，教师应对师范生的专业技能加以评估，并引导师范生对自己展开分析，从而明确自己的发展需求。教师只有充分尊重师范生的个体价值，满足师范生的发展需求，才能使其在进行自主训练时更有方向和目标。

———————————

① 邓雪清. 基于混合式学习的师范生教学技能训练模式研究 [D]. 长沙：湖南师范大学. 2016.

第八章　应用型本科高校师范生实践
教学基地建设研究

第一节　应用型本科高校教师教育专业
实践教学基地现状

本研究针对校外实践教学基地的基础办学条件、组织管理、师资力量、教学工作安排、实习效果等维度编制了一套包含 41 个问题的封闭式调查问卷。在调查方式上，本研究采用问卷星的电子问卷进行填答；在调查样本上，本研究选择了语文教育、数学教育、学前教育、小学教育四个教师教育专业的学生；在问卷投放数量上，本研究按照分层随机抽样的方式发放了 206 份问卷。问卷数据主要采用百分比统计法和计数统计法两种方法。

一、实践教学基地基本办学条件

基础办学条件分为生活条件和教学条件。生活条件包括食宿、安全等方面。教学条件包括学校的硬件设施和软件设施，硬件设施主要包括文体设施、图书室等方面，软件设施主要包括学校开展的学术交流、观摩活动等方面。本研究主要调查学生对学校各方面的满意程度。

（一）实践教学基地生活条件

据调查，认为实习学校食堂饭菜"物美价廉"的学生占总人数的 26.7%，认为实习学校住宿条件"比较好"的占 33.49%，认为实习学校食堂卫生"比较好"的占 48.54%。这说明，大部分学生对于实习学校，尤其是农村的实习学校的食宿条件不是非常满意，实习学校生活条件迫切需要提高，以满足学生实习需求。

《中小学幼儿园安全管理办法》第十六条明确规定："学校应当建立校内安全工作领导机构……配备专职或者兼职安全保卫人员，明确其安全保卫职责。"从表 8 - 2 中可以看出，53.88％的学生表示实习学校一天 24 小时有专门的保安监督，40.29％的学生表示实习学校由学校教师轮流监督。这说明，大部分学校治安管理有相应的措施，但有些学校迫切需要改善无人监督的现状。

表 8 - 1　实习学校食堂条件

问题	选项	人数	百分比
实习学校食堂条件	饭菜种类多，价格高	16	7.77％
	饭菜种类少价格又高	49	23.79％
	物美价廉	55	26.70％
	饭菜种类少但便宜	86	41.75％

表 8 - 2　实习学校治安情况

问题	选项	人数	百分比
实习学校治安情况	一天 24 小时有专门的保安监督	111	53.88％
	学校教师轮流监督	83	40.29％
	无人监督	12	5.83％

（二）实践教学基地教学条件

在教学硬件建设方面，总体来说，大多数实习生对实习基地的文体设施配备较为满意。据表 8 - 3，有 71.85％的学生表示"基本完善"；有 11.65％的学生表示"非常完善"。这表明文体设施基本完善，能满足学生日常工作的需要。有超过五成的学生表示图书配备情况不完善，不仅是与实习教学有关的资料配备不完善，而且学科类教学的有关资料也不够完备，因而不能满足学生实习工作的需求。在校园网络方面，可以发现，实习学校的网络覆盖范围比较广，能够满足学生对网络的需求。

表8-3 教学硬件建设情况

	非常完善	基本完善	不完善
文体设施的配备情况	11.65%	71.85%	16.5%
图书配备情况	6.8%	38.35%	54.85%

在教学软件建设方面，总体来看，大部分实践教学基地能够很好地保证学生实习期间的教育教研工作。由表8-4可以看出，选择"经常开展"课余文体活动的占21.84%，"偶尔开展"的占55.34%；选择"经常开展"教研或观摩活动的占29.61%，"偶尔开展"的占53.88%；同时，选择"经常开展"或"偶尔开展"学术交流活动的学生达75.73%。调查结果表明，实习学校在活动开展方面做得比较好，能为学生提供一个交流学习的平台，从而增加其研究和讨论的机会。

表8-4 教学软件建设情况

	经常开展	偶尔开展	很少开展	从不开展
课余文体活动	21.84%	55.34%	19.9%	2.92%
教研或观摩活动	29.61%	53.88%	13.11%	3.4%
学术交流活动	19.42%	56.31%	17.47%	6.8%

无论是实习学校场地设施满意度方面，还是场地设施和周边环境满意度方面，都有超过八成的学生表示"满意"，"不满意"的学生则占到近两成，这表明实习学校各方面都能满足学生的要求，但有些方面还需进一步改善。

二、实践教学基地实习工作安排的调查结果

（一）实践教学基地实习工作安排

从图8-1中可以看出，学生在实习学校的工作大部分为批改作业和试卷、教授新课、给学生上自习。能够承担班主任工作的学生仅占26.21%，这说明实习学校不放心让实习生带班级。在"实习学校给你安排的工作与你所要求的相一致吗"这一问题中，选择"一致"的学生占总体的63.11%，选择"不一致"的占36.89%。同时，在"除了实习指导教师，有没有其他教师来

听课"这一问题中,选择"没有"的人占总体的 41.75％。在"实习学校是否会安排课前试讲"这一问题中,选择"不会"的人占总体的 54.37％。数据表明,近一半的实习学校对实习生工作不太重视。在"实习工作负荷量"这一问题中,有 103 名学生表示"每天都有课,任务比较繁重",占总体的 50％;表示"偶尔会有课,还经常帮忙组织活动"的有 48 人,占 23.3％,这说明学生实习工作任务比较繁重。指导教师在访谈中也提到,有些时候实习教师比学校教师工作量还要大,他们不仅要讲课,还要帮忙处理学校其他事情。

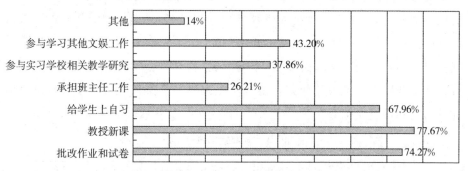

图 8-1 实践教学基地工作安排

(二) 学生自身态度

从图 8-2 中可以看出,大部分学生对待实习工作是比较认真的,会积极完成学校安排的工作。同时,在"除了实习指导教师,你会主动去听其他教师的课吗?"这一问题中,有 164 名学生表示"会",占总人数的 79.61％,这说明学生的实习态度比较端正,能认识到实习的重要性并很珍惜这次机会。

指导教师在访谈中提到,近三年,实习生的教学能力都很强,但仍有个别实习生不愿意干活并且有玩手机的行为。学校严令禁止在课堂上玩手机,但有些实习生就是做不到。由此可知,大部分实习生的工作态度比较认真,极个别学生自制力较差。

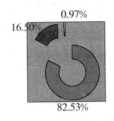

0.97%

16.50%

82.53%

■ 积极认真完成

■ 有时间就认真完成

□ 无所谓，应付一下就可以

图 8 - 2　学生对待实习工作的态度

（三）学生对实践教学基地工作安排的满意度

对于"实习学校的工作满意度"这一问题，有 16.99% 的学生表示"对实习学校工作安排非常满意"，有 63.11% 的学生表示"对实习学校工作安排比较满意"，而"对实习学校工作安排不满意"的学生占 19.9%。这表明，大部分学生对实习工作安排比较满意，但仍有一小部分学生不满意，实习学校在工作安排方面仍需改进。

三、实践教学基地指导师资的调查结果

对于"实习学校整体师资力量建设"这一项目，表示"很强"的有 20 人，占比 9.71%；表示"比较强"的有 80 人，占比 38.83%；表示"一般"的有 85 人，占比 41.26%。数据表明，有近四成的学生认为实习学校师资力量建设比较强。由图 8 - 3 可以看出，大部分实习学校是一位实习指导教师指导一名学生，占 42.72%；指导两名学生的占 14.56%；指导多名学生的共占 27.18%，这容易导致指导不到位、不全面；没有指导教师的占比 15.54%，这极易导致实习流于形式。

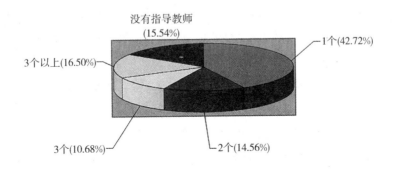

没有指导教师 (15.54%)

1个(42.72%)

3个以上(16.50%)

3个(10.68%)

2个(14.56%)

图 8 - 3　实习指导教师指导学生的数量

进一步分析发现，实习指导教师的工作态度与学校领导对实习工作的重视程度有关。由表 8-5 可知，非常重视实习工作的学校，其教师中的绝大部分会认真负责；不重视实习工作的学校，则一般没有指导教师。同时，指导教师在访谈中提到，由于学校工作比较多，领导对实习关注度不够，致使其对实习生不够关注。这说明，实习学校领导越重视实习工作，指导教师的工作态度就越好。

表 8-5　实习学校领导对实习工作的重视程度与实习指导教师的工作态度的交叉分析

重视程度 ＼ 工作态度	认真负责	比较认真	不太认真	不认真	没有指导教师
非常重视	64.00％	16.00％	12.00％	4.00％	4.00％
比较重视	46.88％	38.54％	3.13％	3.13％	8.33％
一般	19.72％	52.11％	2.82％	1.41％	23.94％
不太重视	12.50％	62.50％	12.50％	12.50％	0.00％
不重视	16.67％	16.67％	0.00％	33.33％	33.33％

根据"实习学校教师之间相处融洽程度"这一调查的结果可以发现，大部分学校教师关系比较融洽，极少数不融洽。同时，对于"学生对实习学校人际关系满意度"这一项目，"非常满意"的占 20.39％，"比较满意"的占 49.51％，"可以接受"的占 23.3％，这说明近七成学生对实习学校的人际关系是满意的。

四、实践教学基地组织管理的调查结果

这一方面的研究主要围绕实践教学基地的管理评价制度、实习学校领导对实习工作重视程度支持程度等展开，主要通过折线图、柱状图的形式呈现出来。

（一）实践教学基地领导对实习工作重视与支持程度的调查结果

针对"实践教学基地领导对实习工作的重视程度"的调查显示，大部分学生认为"比较重视"，占比 93.2％，但有 14 名学生表示"不重视"，占比 6.8％。通过对"实践教学基地领导对实习生工作的支持程度"进行调查，从而进一步验证此结论。在调查的 206 名学生中，有 79 名学生表示学校领导"经常给予帮助"，占比 38.35％；有 111 名学生表示"偶尔会给予帮助"，占

比 53.88％；有 16 名学生表示"从没有帮助"，占比 7.77％。数据表明，大部分实习学校比较重视实习工作，能够在实习工作中给予学生一定的帮助。

进一步分析可知，领导对实习生工作重视程度与其对实习生工作支持程度有关。表 8-6 表明，有 80％的领导非常重视实习生工作，其对实习生"经常给予工作上的帮助"，这说明领导越重视，实习生得到的工作支持越多。

表 8-6　实践教学基地领导对实习工作重视程度与其对实习生工作的支持程度交叉分析

重视程度　　　支持程度	经常给予帮助	偶尔会给予帮助	从没有帮助
非常重视	80.00％	16.00％	4.00％
比较重视	48.96％	48.96％	2.08％
一般	15.49％	73.24％	11.27％
不太重视	12.50％	75.00％	12.50％
不重视	0.00％	33.33％	66.67％

（二）实践教学基地管理评价制度的调查结果

针对"实践教学基地在实习过程中对实习生是否有监督评价"这一问题，有 141 名学生表示"有"，占比 68.45％，有 65 名学生表示"没有"，占比 31.55％。数据表明，在学生实习过程中，有一部分学校没有起到很好的监督评价作用，此方面亟待整改。调查发现，绝大部分学生对实习学校评价方式比较满意，不满意的有 15 人，仅占 7.28％，这说明实习学校的评价制度相对完善。同时，对于"实习过程中，实习学校对教育实习进行总结交流的情况"，表示"经常开展"的有 39 人，占比 18.93％，表示"偶尔开展"的有 114 人，占比 55.34％，表示"极少"和"从没有"的共有 53 人，共占比 25.73％。数据表明，绝大部分实习学校对实习工作重视程度较低，缺乏实习过程中的总结交流。

同时，指导教师在访谈中提到，评价应该在实习期中间进行，以使指导教师和实习生都了解实习情况，这对实习生的成长是比较有利的。在访谈中，教师也表示学校没有对学生进行过程中的监督评价。他们认为，只有经常进行评价，才能更好地保证学生的实习效果。

从图 8-4 中可以看出，近八成的学生表示学校管理"比较严格"或"非常严格"，能很好地起到监督作用；有 23.3％的学生表示"放任自流"或"不太严格"。在"学校行政与管理人员的服务态度"方面，有近六成的学生表示"比较好"，少部分学生认为"不好"，仅占比 7.28%。由此可见，学校管理严格程度同样影响着学生的实习效果。

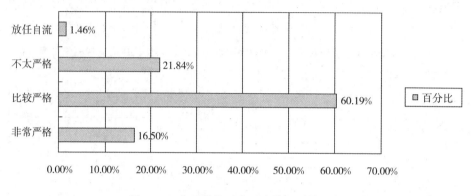

图 8 - 4　实习学校对实习生管理严格程度

五、实践教学基地实习效果的调查结果

从表 8 - 7 中可以看出，认为通过实习能够使实践能力有所提升的学生有182 人，占比 88.35%；认为沟通交流能力有所提升的有 167 人，占比81.07%；认为专业知识水平有所提升的有150 人，占比 72.82%。数据表明，学生通过实习，各方面能力都能够有所提升，尤其是实践能力与沟通交流能力。对于"你认为影响你实习效果的最重要因素是什么?"这一问题，绝大部分学生认为自身态度是影响实习效果的最重要因素，占比 85.1%；其次是个人能力，占比 69.08%；还有 65.73%的学生认为指导教师的专业水平和素质也是影响实习效果的重要因素；选择"学校监管程度"的学生则占比46.12%。数据表明，学生认为影响其实习效果最大因素为自身态度和个人能力。

表 8 - 7　学生实习效果

选项	人数	比例
专业知识	150	72.82%
实践能力	182	88.35%
沟通交流能力	167	81.07%

选项	人数	比例
分析解决问题能力	141	68.45%
团队协作能力	101	49.03%
行为规范养成	100	48.54%
良好的师德修养	118	57.28%

由表 8-8 可以看出，学生最希望实习的学校是有丰富经验的行业前辈指导培训的学校，其次为具有舒适的工作环境、方便的交通的学校，再次是有部分工资及保险保障的学校，最后是可以提供就业机会的学校。在"实习学校应在哪些方面做出改进？"这一问题中，155 人表示应"提高学校硬件设施"，占比 75.24%；138 人表示应"加强软件设施建设"，占比66.99%；102 人表示应"改善管理评价制度"，占比 49.51%；114 人表示应"提高食宿条件"，占比 55.34%。可以看出，实习学校整体质量有待提升。

表 8-8　学生最希望实习的学校

选项	人数	比例
有丰富经验的行业前辈的指导培训的学校	177	85.92%
具有舒适的工作环境、方便的交通的学校	158	76.7%
有部分工资及保险保障的学校	128	62.14%
可以提供就业机会的学校	106	51.46%

第二节　教师教育专业实践教学基地运转中存在的问题及其原因

师范生实践教学基地是顶岗实习的重要载体，是提高师范生实践能力的摇篮，但通过上述调查可以看出，在实践教学基地运转中仍有不少问题，表现为以下几个方面。

一、对实践教学基地的认知不足

据问卷数据，近六成的学生在实习之前不了解实践教学基地，也没有渠道去了解。导致这种现象的原因有以下几个：

首先，高校缺乏完善的实践教学理念，对实践教学基地的内容与建设缺乏足够的重视。高校没有将实践教学的思想贯串培养师范生体系的始终。各方面资源的匮乏使得师范生实际操作环节占比较少，实践教学基地建设只停留在表面。高校较少对实习生进行指导，学生只能询问实习过的学长学姐。实习前准备工作的不完善极易导致学生在进入实习单位后不能与实习学校很好地对接，从而使实习工作流于形式。

其次，实习单位没有深刻地意识到实践教学基地对培养优秀师范生的重要作用。本研究通过访谈了解到，学生之所以被分配给实习学校的教师，是因为指导教师工作量大，不能很好完成自己的本职工作，实习生在一定程度上可以分担其工作，减轻其负担。实习学校没有根据学生本身的需求为其安排相应的工作，可见实习学校对实习生实习的重视程度较低。

最后，学生不能充分了解实践教学基地的作用，对实践教学基地能够提升自身实践能力、动手操作能力的认识不够深刻，对实践教学基地不够重视。还有些学生只是为了丰富自己的实践经历，才参与实习或者认为实习只是走走过场。这些学生在实习期间既没有很好地融入实习工作，又没有去接触实质性和专业性的工作，从而导致实习质量不高。

二、实践教学基地评价制度不合理

据问卷数据和访谈，本研究发现，一些实践教学基地的评价制度不合理，很多学校都存在过程性评价缺乏、终结性评价不完善等问题，一部分学校存在评价真实性差的现象。造成这些问题的原因有以下几个方面：

首先，学校工作量较大，对实习生缺乏关注。笔者所在的实习单位通过举办公开课和其他形式的活动来对实习生进行过程性评价。据实践教学基地管理评价制度调查，在实习过程中，实习学校针对教育实习开展的总结交流较少，不能在实习过程中对学生进行教学工作上的指导，从而导致学生无法很好地锻炼自身能力。这说明实习学校对学生的顶岗实习不够重视，认为只要给实习生安排几节课就够了，不需要对实习情况进行交流总结。这样很容易导致学生的实习仅仅是"走过场"。

其次，高校缺乏完善的实践教学基地反馈评价制度，没有做好实习单位遴选工作。实习单位的水平直接影响着实习生的实习质量。在实习过程中，如果实习单位没有对学生加以评价，那么学生就不能很好地衔接之后的工作；如果实习单位对学生开展的终结性评价不够完善，那么学生就不清楚自身存在的优点和不足，也无法做到改正。高校可以将实践教学基地评价纳入工作内容从而在一定程度上减少这种现象的出现。

最后，在实习结束后对学生展开评价时，即使有些学生实习情况不够好，实习学校也不会如实填写实习评价。教师在访谈中提到，实习鉴定会进入学生的档案，因而在写实习鉴定时，实习学校都是往好了写。"人情交往"这一词汇可以很好地解释这一现象。实习生只要没有做出出格的事情，就是可以被原谅的，其他教师也不会因此给自己树立一个"敌人"。这种思想会导致评价的真实性大打折扣，致使高校了解不到学生在实习学校表现的真实情况。

三、实践教学基地师资力量匮乏

由上述数据可以发现，一对一的实习指导占比不到一半。一位指导教师指导多名学生，因而很难保证实习效果。有些学校甚至没有实习指导教师，这更易导致实习流于形式。其原因可能有以下几点：

首先，实习学校师资匮乏，工作量大，因而很难安排教师来担任指导教师。其次，学校领导对实习工作不够重视，从未将实习生的实习工作纳入工作计划，认为给实习生安排几节课就足够了。最后，有些实习学校师资充足，能满足其基本运行需求，因而不需要实习生来分担工作，但每学期实习生都会被分配过来；很多实习单位即使不缺教师也让实习生来学校实习。这些做法极大地降低了学生的实习质量。

在与实习学校的指导教师进行交谈的过程中，本研究同样发现了诸如此类的问题，有的学生尽管有单独的指导教师，但指导教师的"放任自流"直接导致了学生实习质量的下降。指导教师责任心的缺乏是影响学生实习质量的另一个重要因素。另外，据访谈内容，学校领导对实习工作的重视程度直接影响着实习指导教师的态度，而指导教师的指导又直接影响着学生实习的质量。

四、实践教学基地教学工作安排不合理

根据前文数据和访谈内容可以得知，学生在实习单位不仅需要参与教育

教学工作，还需要参加文娱活动、帮忙整理档案、批改作业试卷等。有教师表示，实习生在学校上副科、盯班、上自习现象很普遍，这些"普遍现象"导致有些实习生的工作量远远超过其他教师的工作量。笔者在与一位实习生的交谈中了解到，小学教师包班情况比较普遍。该生的指导教师不仅是班主任，还承担着语文、数学、音乐三门课程。该生就帮助指导教师承担一门数学课，一周至少 18 节。有时，其指导教师需要组织文艺活动，致使班主任的工作由其承担。他不仅要完成教学任务，还要及时与家长沟通、交流孩子学习情况。很多实习生还表示实习工作分为两大部分，即教学之内和教学之外的实习工作，如整理档案、检查卫生等。如有教师请假，实习生就会被要求去盯班。究其原因是实习学校领导不够重视。

另一个普遍现象是，有些实习学校不轻易把班主任的工作分配给实习生，而顶岗实习要求实习生必须有班主任工作。通过访谈，本研究发现有两个原因：一是实习学校师资不紧缺，学校现有教师能基本满足学校运行需要，所有教师各司其职，没有多余岗位；二是实习学校不太急缺教师，担心实习生的到来会打乱学校的一些计划，影响学校相关事宜安排。这说明实习学校根本就没有将学生的实习工作纳入工作安排，也没有合理地安排实习工作。

五、实践教学基地与大学合作交流较少

在针对"除了顶岗实习之外的双校其他合作情况"的访谈中，本研究了解到，高校与实习学校在顶岗实习方面合作得不够深入，缺乏其他方面的合作。双方合作不够深入的原因有以下几个方面。

首先，缺少地方政府相应的制度保障和资金支持。合作是在双方自愿的基础上，给双方带来最大利益的一种交流形式。合作双方目标不一致、各自承担的责任与义务没有明确的界限，并且，在出现问题后，双方更是互相推卸责任，从而导致合作无法顺利进行。同时，任何合作项目的开展都需要资金来维持，虽然政府加大了教育投入的力度，优化了资源配置，但对整个基础教育改革来说，仍是杯水车薪。高校教师的经费和资金仅能满足自身的需求，因而没有多余资金用来建设实践教学基地。如果当地政府加大资金上的支持，就能够更好地保证实践教学基地的运转。

其次，在已有的合作中，大中小学对自身的定位不明确，从而导致了双

方的积极性随着时间的推移而逐渐降低。① 这在某种程度上反映出大学与中小学文化的差异，高校教师注重理论、科学严谨，因此形成了自由、开放的文化氛围；小学教师经验丰富，实践能力较强，因而形成了保守、封闭的文化氛围。这种文化差异易导致高校与中小学的合作无法深入进行。

最后，合作双方存在利益分歧。大学与中小学教师分属两个不同的团队，各自立场不同，双方对合作的意义和地位也有不同的认识。有学者认为，大学教师常常期望合作能够最大限度地使已有的研究成果得到普及。当然，也有部分大学教师有意回避合作研究，导致话语霸权现象突出。相应地，中小学教师普遍存在理论认识偏差、合作意愿不强等问题。固有的保守观念使他们不敢轻易尝试重大的教学变革，甚至会产生逃避心理。② 合作双方均追求自身的利益，因而极易造成合作的中断。

第三节　改善教师教育专业实践教学基地实施现状的有效策略

推动多主体联合协作培养人才，特别是大学、政府和中小学之间的协同合作，积极寻求新的教师教育合作模式是当前教师教育改革与发展的重要趋势。U-S 模式，即大学（University）和中小学（School）合作伙伴关系，是最早由美国学者古德莱德和霍姆斯提出的一种教师教育办学理念，它旨在通过引导大学与中小学校开展合作来实现教育资源的整合配置和高效利用，以优化教师教育环境，从而为师范生培养提供有力支持。自 20 世纪 80 年代以来，以东北师范大学、西南大学、河北师范大学为代表的我国高校积极实践和完善这一教师教育新模式，并取得了良好的效果。基于这一模式，结合当前教师教育体系改革趋势，高校、政府和中小学校应各司其职，积极为教师教育实践教学基地建设做出贡献。

一、加强统筹管理，推进实践教学基地内涵建设

实践教学基地的重点是加强统筹管理，以完善的规章制度不断推进实践

---

① 肖正德. 冲突与共融：大学与中小学伙伴合作的文化理路 [J]. 社会科学战线，2011（7）：216-220.
② 崔少琳，吉标. 大中小学合作三十年研究与反思 [J]. 教育参考，2017（3）：27-33.

教学基地的内涵建设，确保应用型人才培养的规格与质量。

（一）健全制度，加强管理

《教育部关于加强师范生教育实践的意见》指出，"实践基地应具备良好的校风师风、较强的师资力量、丰富的课程资源和教改实践经验"。首先，高校应制定完善的实践教学基地管理规范制度，明确实践教学基地的实训标准和技能培养目标，确定各部门的责任、义务和评价实践教学基地工作的各项指标，对实践教学的各个环节做到有评价、有指导、有记录。高校应根据这些指标以及学生和指导教师的反馈，筛选出适合师范生进行教育实践的实践教学基地。同时，高校应加大实践教学资金投入，建立教师教育专业师范生实习资金保障制度，增加校内实践教学场所，以满足师范生的需要。其次，各专业应与教学实践基地加强合作交流，充分探讨本专业的未来走向、培养优质师资的方法等。另外，各专业应充分结合专业特点，制定出符合专业规划的实践教学基地建设及评价管理机制，以实习内容（实习、见习等）为主要部分，构建完善的教育实践内容体系，即实践教学、班级管理、活动组织等，并确保实习时间累计不少于一学期；还应制定详细的评价反馈表、管理细则并明确各人的责任，以建立一个客观、科学、公正的管理评价体制。

（二）通力合作，加强基础设施建设

我国教师教育改革持续推进，但师范生教育实践依然是教师培养的薄弱环节，师范毕业生的教育教学能力尚不能完全适应中小学的需要。实践教学基地作为教师教育专业深化教学实践的重要载体，必须取得政府教育行政管理部门的理解和支持。政府教育行政部门的政策支持及经费扶持都是实践教学基地改进的必要条件，高校应积极争取政府各方面的支持，充分发挥其纽带作用。

首先，政府应加大对教师教育院校的政策和经费支持。建立规范性的政策和经费保障制度是加强实践教学基地建设的重要保障，是促进实践教学基地顺利运营的有效路径。目前，经费不足已经成为限制实践教学基地发展的一个重要因素。地方政府及教育管理部门应充分认识到教师教育的作用，给予教师教育院校更多的政策和经费支持，加大对实践教学基地的经费投入，加强政策引导，鼓励和支持中小学参与教师教育院校的人才培养，为师范生教育实践创造良好的条件，保障学生实践过程中的合法权益。政府部门还应建立有效的激励机制，对承担教师教育实践教学基地任务的中小学校实行补贴政策。对建设管理达标、学生反馈良好的实践教学基地进行表彰。此外，政府部门还应加强组织领导和统筹协调，引导高校、中小学增进合作共识、开展有序合作，并围绕师范生协同培养的共性问题，开展有效对话与交流，增强彼此在教师教育事业上的共同关注。

其次，加强实践教学基地基础设施建设。实践教学基地基础设施包括硬件和软件。硬件建设主要指各种与实践教学环节相关的设备、场地、设施、环境等方面的建设；软件建设主要指管理的理念、制度、实践教学计划、大纲、教材或指导书、师资队伍等方面的建设。不仅要满足实习生教学上的需要，还要满足实习生生活上的需求，提高食宿条件，补助交通费用，保障实习生日常生活及安全。硬件和软件是一个有机的整体，只有全面统筹发展，才能真正提高实践教学基地的建设水平。

二、优化 U-S 合作机制，实现实践教学基地可持续发展

著名教师教育改革专家古德莱德对大学与中小学之间的关系进行了这样的描述："学校若要变革进步，就需要有更好的教师。大学若想培养出更好的教师，就必须将模范中小学作为实践的场所。而学校若想变为模范学校，就必须不断地从大学接受新的思想和新知识。"由此可见，为了使地方高校的实践教学基地更好地实现可持续发展，高校与中小学需要准确把握合作关系，积极找寻双方利益的契合点。

（一）转变思维，构建共同的发展愿景

高校应在大学生实习实践基地建设和优化方面变被动为主动。同时，应从人才培养和人才输送角度着眼，积极寻求与实习单位的战略合作，并提供相应的资源支撑，制定相应的规章制度。[①] 首先，要明确 U-S 合作共同体的目标，建立共同的合作期望，合作双方应制定一个明确的、共同实现的奋斗目标，即合作双方应树立正确价值观，增强合作使命感，在合作中不断沟通和交流。其次，相互理解是促进双方顺利合作的基础。在合作中，双方应保持"同理心"，感同身受，打破大学教师"引导者"的身份，实现大学教师与中

---

① 侯士兵，毛伟，宣璇. 大学生实习实践基地建设路径探析：基于就业效率的视角 [J]. 思想理论教育，2015（12）：95-98.

小学教师的平等对话与协商。最后，合作双方应拓展和创新合作的方式和内容。两校之间的交流不应局限于顶岗实习，而应加强各方面的合作交流。高校教师与小学教师可以互相走访、互相学习。高校教师虽然理论知识丰富，但实践能力不一定能比过有多年教学经验的一线教师。通过开展，交流会、联合学科、开展知识竞赛，中小学教师可以提升自己的科研理论水平、高校教师可以加强自己的实践能力，互相借鉴、取长补短。

（二）中小学应明确责任，提高重视程度

在国家引导、地方高校应用型转型的背景下，中小学应明确自身在教师教育改革与发展中的责任，通过共建实践教学基地，大力支持地方高校建设成具有中国特色的应用型大学。优异的教师教育是高质量的学校教育的先决条件。中小学是否重视教育实践工作，直接关系着师范生的培养质量。中小学应转变态度，明确意识到自身与高校共同担负着教师教育的责任；应以强烈的服务意识、奉献意识积极投入实践育人活动中，从而为教师教育高质量发展打下基础。基于此，中小学必须提高自身对师范生教育实践的重视程度，给予师范生教育实习充分且必要的支持。

三、加强指导教师队伍建设

提高师范生实践教学质量的关键是要有一支优秀的实践教学师资队伍。高校教师专注学术研究，具备丰富的理论知识，但缺乏中小学教育教学实践经验。中小学教师拥有丰富的基础教育教学经验，但不一定擅长学术研究。为符合社会需要，师范生不仅要有扎实的理论知识，还要有较强的实践能力。因此，加强师范生实践教学"双导师"队伍建设迫在眉睫。

（一）完善高校人才管理制度，着力提高教师实践能力

"双师型"教师队伍既是培养高层次、高素质应用技术型人才的重要依托，又是地方高校转型发展中不可或缺的中坚力量。[①] 首先，高校应完善"双师型"人才引进制度。不应将学历、职称等条件作为唯一指标，而应看重人

---

① 许庆贺. 地方高校转型发展背景下的实践教学基地建设［J］. 实验技术与管理，2017，34（1）：232-234，239.

才是否具有工作背景和丰富经验。其次，通过有计划地推进在职教师进修、挂职工作和实践锻炼等制度改革，提高教师的专业实践能力和技术研发能力，鼓励专业实践课教师取得职业技能证书等。[①] 再次，积极引进一线工作的专业人员，补充教师队伍。最直接的方法是聘请一线优秀教师或者本行业优秀专家作为兼职教师，指导学生实践教学类课程。同时，完善指导教师奖励机制，包括物质奖励和职业发展奖励，将指导师范生实践教学纳入教师业绩考核范围，作为高校教师评优评先和职称晋升的重要依据。根据学生实习反馈对指导教师工作进行评价，利用多种方法调动指导教师的积极性。最后，建立和完善教师的考核评价制度，并将之作为评优评先的硬性指标。

（二）加强中小学指导师资力量建设

《教育部关于加强师范生教育实践的意见》指出，"中小学协同遴选优秀教研员和中小学教师担任指导教师"。其明确了中小学在师范生教育实践活动中的责任和义务。为保证教育实践质量，中小学应选派优秀的教师来承担师范生的教育实践指导工作。只有让优秀的一线教师来指导学生，才能从源头保证教育实践质量。首先，中小学要明确遴选指导教师的标准。中小学选择的实习指导教师不仅要有丰富的知识和实践经验，还要有责任心。选定实践指导教师后，中小学要与指导教师共同安排教育实践工作，确定教育实践目标。其次，定期对实践指导教师进行进修培训，以使其巩固专业知识，把握行业最新动态，提高科研能力，从而保证其更全面、更完善地指导师范生，进而不断提高师范生的实习质量。最后，建立指导教师评价奖励机制。建立实习指导教师激励制度，将实习生实习效果作为教师评职称的重要标准。

四、加强组织管理，合理安排教学工作

完善的组织管理制度，是实践教学基地得以长期运行的保障。为保证学生实习生活顺利开展，需要多方努力。中小学应明确自身的规划并加大投入；高校应加强对师范生的重视；师范生则应对实习做好计划，以保证自身得到锻炼。

---

① 苗培周，吴宝瑞. 基于工作导向的职前教师教育实践教学改革的思考［J］. 中国成人教育，2016（7）：145-149.

（一）中小学做好师范生实践教学规划与工作安排

首先，中小学不仅要在学生实习前做好规划，即自身是否符合高校师范生实践教学基地的标准、是否具备指导师资、是否有完善的制度、能否保证实习生的实习效果等，还要对实践教学基地加大资金、时间、精力上的投入。资金投入是实践教学基地建设的重要保证，应设置专项资金，并将其投入实践教学基地的建设。同时，应将教育实践与学校建设放在同一高度，并提高指导教师对教育实践的重视程度。

其次，做好工作安排。中小学应在实习之前做好工作安排和计划，选择优秀的、经验丰富的一线教师作为指导教师，并提高其对师范生的重视程度。同时，中小学应根据师范生的期望，安排适合他们的实习工作和指导教师。

最后，建立健全过程性评价和终结性评价。中小学应完善以实习计划、实习教案、听课评课记录、实习总结与考核等为主要内容的师范生教育实习档案制度；应加强对实习指导教师的管理，以使其能够做到对实习生进行一月一次的监督指导。在教学上，中小学可以成立实习交流小组，定期开展组内交流会，以使实习生能够受到教学方面的指导。同时，中小学应对师范生的实习形成书面报告并开展实习交流会，以便对师范生的实习情况进行总结和反馈。中小学校应定期向高校就实习生的情况进行反馈，以使高校指导教师第一时间了解到实习生真实的实习情况。

（二）高校要加强实践教学宣传，提高师生认识

马克思主义哲学认为，"物质决定意识，意识反作用于物质"。它强调了意识的反作用，认为一个人只有从思想上认识到这件事的重要性，才会积极地参与。为此，高校应加强舆论宣传，开展多种形式的活动。比如，邀请中小学优秀的一线教师定期到学校为学生开展讲座，讲座内容可以包含专业知识及课堂实例、教师行业面临的现状、未来发展状况，等等。高校还应利用校园网、海报、广播、展板等媒体，积极宣传实践实训在应用型人才培养中的重要作用。首先，明确实践教学基地在人才培养中的平台作用，实现理论与实践的对接，改变以教师为主导的现状。其次，加大对实习单位的宣传力度，以帮助学生对其展开深入了解。高校可以请实习过的学长、学姐向学生传授一些经验，如如何更快适应实习工作、如何才能更好地在实习过程中锻

炼自己等。可以在交流会上设置问答环节，鼓励学生咨询自己想了解的问题。同时，可以制作实习单位宣传册发放给学生。高校指导教师应提前了解实习学校的基本情况并与本组学生做好沟通交流，向本组学生介绍他们将要实习学校的相关事宜，即食宿状况、交通补贴、教学环境及设备、文体活动开展情况等，从而为更好地实习打下基础。最后，在教育实践中，不仅学生要严格要求自己，而且学校要制定一系列的奖励机制。学校可以设置实践教学基地专业奖学金。奖学金评定标准由学校和实习单位共同制定。学校可以根据设定的标准将奖学金给予在实习过程中表现良好的、有突出事迹的学生，从而调动学生教育实践的积极性。奖学金不仅是学校及教师对学生学习成果的认可，还是验证其能力的一种方式。因此，对学生而言，这是一种极大的推动力。

（三）师范生应积极主动，做好实习计划和总结

"好的开始是成功的一半。"师范生只有做好计划，才能保证实习工作万无一失，才能得到自己想要的锻炼。学生应做好实习前后及过程中的计划。首先，学生在实习之前应填写一份"个人实践计划表"，内容包括实习期间所期望的职位，在实习学校希望得到的锻炼，期望的待遇（食宿安排），自己为了实习需要学习的课程，自己为了实习需要付出的努力，等等。在实习过程中，教育实践案例、个案记录等为学生未来的论文写作积累了鲜活的材料，为其未来的就业丰富了经验和履历。其次，在实习结束后，学生应对自己实践生活进行总结记录，以发现自己存在的问题，从而及时改正、提升自己。

五、健全实践教学基地评价制度

举办教师教育的院校要以指导教师评价为主，兼顾同伴评价、自我评价、学生评价和实践基地评价，综合运用课堂观察、学生访谈及教育实践档案分析等多样化的方式，全面、客观地评价师范生教育实践。对此，地方政府应加强实践教学基地督导体系，建立高校测评与实践教学基地自评相结合的评价反馈机制，促进实践教学基地的良性发展。

（一）加强实践教学基地督导体系

地方政府及教育部门应共同筛选出一支优秀的、系统的队伍对实践教学

基地建设进行跟踪指导，以完善实践教学基地的督导体系。这支队伍应对实践教学基地的建设过程、资金使用情况、人才培养情况、教育教学情况等方面进行监督，并定期进行总结和改进。例如，指导人员和实践教学基地负责人应开展工作会议或者研讨会，对问题进行分析讨论，以确保各项举措落到实处，从而促使实践教学基地充分发挥人才培养的作用。对于建设不到位的、反馈情况不达标的实习单位，取消其实践教学基地的资格及相应的优惠政策，如情节严重，则应追究相关部门负责人的领导责任；并且，教育行政部门要综合考虑本地区师范生的基本情况，与教师教育的院校共同选择建设稳定、形式多样的教学实践基地，把接纳师范生教学实践视为中小学工作评价和评选的重要内容。

（二）完善高校对实践教学基地的评价机制

高校对实践教学基地的科学评价是教学评价工作中不可或缺的环节，是实现高校管理的重要手段。但由于没有完善的实践教学基地评价制度，高校与学生在选择时存在一定的盲目性，容易只关注外部环境。对此，首先高校应高度重视校外实践教学基地的建设，认识到校外实习基地对有效增强学生专业实践能力、培养创新意识具有重要意义和作用。这不仅可以加深学生对教师职业的理解和认同，还可以坚定其投身教育事业的信念。其次，完善实践教学基地评价制度。实践教学基地的设立要以提高教学质量为首要目的，以有效措施为保障，按照互利共赢、长效合作、分类建设、动态管理的原则，促进自身健康、稳定、有序发展。高校制定实践教学基地基本标准，如实习单位领导态度是否积极、工作和生活条件是否达标、指导师资是否充足、办学水平是否良好等，并根据这些标准遴选合格的实践教学基地。之后，对符合标准的实践教学基地进行初步考察，通过协商来明确双方的合作意向并签订协议。同时，建立评选优秀实践教学基地制度。高校要根据实践教学基地的使用情况，定期对其进行评选，对那些积极支持学生实习且成绩优异的基地予以奖励，授予"优秀实践教学基地"荣誉称号。最后，完善实习生评价机制，在学生实践教学结束后，高校需安排高校指导教师了解学生实习的真实情况，通过与实习单位和学生的多方交流来了解学生在校的真实表现，并根据学生实习后的真实反馈，从中筛选出能促进学生发展、能够长期合作的实习单位。

（三）开展实践教学基地自我评价

实践教学基地分为校内实训基地和校外实践基地。虽然实习单位在教育实践活动中是比较积极的，但其在具体实践中仍存在反馈评价机制不完善的问题。作为师范生教育实践的主要场所，中小学起到了中流砥柱的作用。首先，实习单位要量力而行。在地方教育部门对实习生进行安排时，实习单位应对自身进行评估，即需不需要实习生、需要多少人、有没有支撑教育实践的能力等。地方教育部门应根据实习单位承受能力和实际情况合理安排实习生。其次，实习单位要成立实践教学基地考核评价小组，对实践教学基地建设及运行过程进行组织管理。应对资金、精力、时间等的投入进行估算，对建设怎样的实践教学基地进行规划，对教师进行合理分配，以使其各司其职。在实践教学基地运行过程中，应定期进行监督评价，对其作用是否完全发挥进行检测，并对不足之处加以改进。最后，实习单位应根据学生的反馈评价改进自身不足之处。

第九章　应用型本科高校师范生实践教学评价研究

第一节　应用型本科高校师范生实践教学考核评价现状

实践教学是主体，是在课堂教学获得理论知识的基础上，通过课堂实验、教育调查、论文设计、社会实习等方式作用于客观实际的一种教学活动。实践教学是理论教学的重要补充，是完成教学任务的组成环节，是提高学生专业技能的必经之路。

实践教学是理论知识与实践活动的有机结合，是贯彻"学—思—行"的重要途径，是使学生知情意行相统一的方法。实践教学不仅能促使学生自己探索知识、发现知识，使其具备自我教育的能力、分析问题和解决问题的能力，而且能促进学生的全面发展，促使学生进行探究性学习和合作性学习，帮助学生形成合作精神和科学的价值观。

一、调查设计

本研究基于对石家庄学院师范生实践教学的了解，编制了实习生调查问卷，并对获取的相关数据进行了归纳、分析、整理。进行问卷调查的目的如下所述：第一，了解石家庄学院目前师范生实践教学和师范生实践教学考核评价的实施情况；第二，通过对数据进行整理、分析，找出师范生实践教学考核评价的问题，并提出相应的改进措施。

二、调查问卷分析

(一) 调查对象的相关情况

本研究将问卷发放给参加过教育实践活动的120位师范生，有效问卷101份。其中，有9位男同学，92位女同学，由此可见，师范专业男女比例严重失调。参与对象多为大四年级学生，只有极少部分是大三年级或大二年级的学生。

(二) 学校实践教学的开展情况

本研究主要从实践教学的开展频率、时间、实习准备等方面对学校组织的实践教学活动进行调查。

在学校组织实践教学活动的频率方面，调查发现，14.85%的大学生表示学校经常组织开展实践教学。选择"从来没有"和"偶尔有"的学生各占3.96%和29.7%，两者共占33.66%，占比重较大。这说明高校实践教学的开展情况仍需要加强，活动的组织频率需要不断增加。选择"一般"的比重最大，占比51.49%。可以看出，师范生对实践教学活动开展并不满意，高校对实践教学活动的组织实施有待提高。实践教学对加强大学生职业认同感具有十分重要的作用，但我们不难从数据中看出，经常实施和偶尔实施，甚至是从来没有实施过仍然占据较大的比例。这说明，目前高校对实践教学的重视程度仍然较低，因而应在今后的教育教学工作中注重实践教学和理论教学的合理分配。

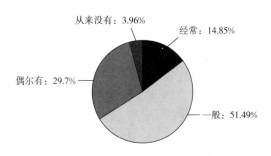

图 9-1　高校组织实践教学的频率

在实践教学的时间安排方面，高校应将实践教学活动安排在大三下半年。

此时，学生理论课程的学习接近尾声，正处在理论联系实际的最佳时期。通过整理数据，本研究发现，该校师范生的实践教学活动为一个学期的占比最高，占比为 83.17％；选择"两到三周"和"两个月"的学生分别占比 8.91％和 7.92％。学校为师范生安排时长为一个学期的实践活动还是比较合理的，但教育实践活动的形式较多，因此时间的长短也应具体问题具体分析。总体而言，师范生实践教学的时间安排应该根据专业特色来进行。教师职业较为复杂，其劳动时间具有广延性等特点。因此，实践教学的时长应当适当增加，以便师范生更好地接触教师职业，加深对教师职业的认同，积累教育教学经验。如图 9-2 所示。

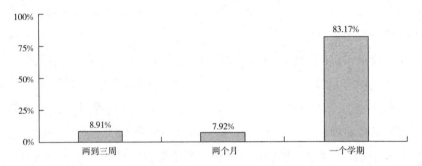

图 9-2 师范生实践教学的时间安排

调查显示，52.48％的学生认为在实践教学开始之前开展相关的训练是比较重要的，37.62％的学生选择了"非常重要"，两者共占 90.1％。由此可见，学生对实践教学前训练的重视程度较高。如图 9-3 所示。

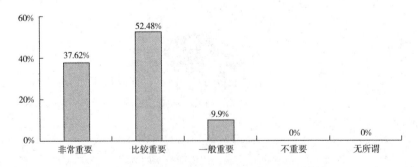

图 9-3 师范生对实践教学前开展相关训练的态度

对以上数据进行整理分析，可以得知，石家庄学院师范生实践教学活动的开展情况良好，但仍存在许多不足。随着实践教学在教学系统中地位的提高，学校应高度重视实践教学活动的时间安排、环境配置、学生态度等。

（三）师范生对实践教学考核评价态度和考核评价原则

本部分涉及师范生对开展实践教学考核评价的态度和实践教学考核评价的原则。

在师范生对实践教学考核评价的态度中，认为在实践中进行合理评价比较重要的学生比重最大，占 56.44％，认为非常重要的占 36.63％，两者共占 93.07％，仅有 1.98％的学生认为不重要。从以上数据中可以看出，参与实践教学活动的学生对实践教学的考核评价十分看重。教师应该重视对学生实践教学活动的评价，这不仅是提高教学质量的要求，而且是教师尊重学生的体现。如图 9－4 所示。

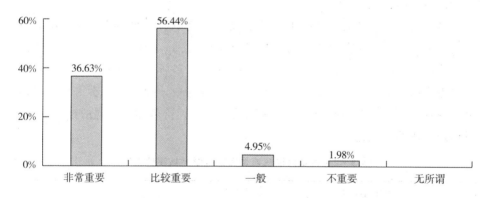

图 9－4　师范生对实践教学考核评价的态度

在实践教学考核评价的原则方面，认为实践教学考核评价应本着公平公正的原则的学生占比 84.16％，认为考核评价应本着民主科学的原则的占比 72.28％，选择规范性和可操作性的师范生分别占比 66.34％和 60.4％。如表 9－1 所示。

表 9 - 1 师范生对实践教学原则的认知

公平公正	民主科学	规范性	可操作性	系统性
84.16%	72.28%	66.34%	60.4%	30.69%

（四）实践教学考核评价的主体

在实践教学考核评价的主体方面，本研究主要从实践教学应该由谁进行评价和实际由谁进行评价、学生对自我评价和小组成员互评的态度、学生对考核评价进行状况的了解程度以及学生在考核评价前的沟通情况等方面展开调查。

认为实践教学考核评价应该由实习中小学的指导教师进行的，占94.06%；实际的考核评价中，由带队教师进行的比例为76.24%。综合分析，在这两项中，实习中小学指导教师和带队教师的占比均在前两位。调查发现，认为实习中小学的学生也应该作为考核评价主体的占比58.42%。教学过程是一个教师教和学生学相互作用的过程，师范生所带班级学生的评价在一定程度上体现了其实践效果。因此，在今后的评价中，学校应该重视学生在考核中的作用。如表 9 - 2 所示。

研究发现，不同的主体在不同的阶段对师范生实践教学的表现情况有着不同的了解程度。在师范生进行实践教学活动之前，带队教师的指导作用最为显著；在实习过程中，实习中小学的指导教师和所带班级的学生会对师范生有更全面和更深入的了解。在实践教学的过程中，师范生与小组成员接触最为频繁。所以，在不同的时期，实践教学考核评价应侧重不同的评价主体，以体现主体的多元化。

表 9 - 2 你认为谁应该是实践教学考核评价主体

	实习中小学的指导教师	带队教师	实习中小学的学生	实习同伴	自己	其他
主观考核主体	94.06%	61.39%	58.42%	45.54%	33.66%	3.96%
实际考核主体	68.32%	76.24%	22.77%	21.78%	15.84%	7.92%

在实践教学自评的态度方面，本研究发现，认为在实践教学中自己也应作为主体的占比33.66%。但在实际的评价中，仅占15.84%。从中可以发

现，虽然自我评价在师范生的考核评价中占有重要地位，但落实效果并不理想。在"师范生对自评的态度"方面，认为非常重要或比较重要的共占90.09%。由此可见，在今后的考核评价中，高校必须重视学生的自我评价。如图9-5所示。

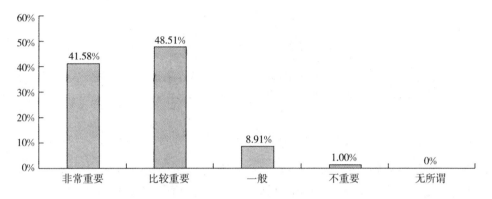

图9-5　师范生对自评的态度

在"师范生对小组互评的态度"方面，赞成小组互评的占比49.5%，非常赞成的占比36.63%，这表明大部分师范生还是认可小组成员互评这种考核方式的。虽然小组互评的考核评价方式掺杂了各种主观因素，并且会在一定程度上影响考核评价的成绩，但其利大于弊。这个方式更容易调动师范生的积极性，以使师范生参与考核评价，从而实现考核评价主体的多元化。如图9-6所示。

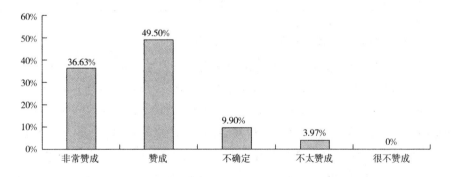

图9-6　师范生对小组互评的态度

"师范生对实践教学考核评价开展情况的了解程度"的调查结果显示，35.64%的师范生不太清楚实践教学考核评价是如何进行的，基本清楚的师范生占 47.52％，非常清楚的则占 4.96％。这个结果从侧面表明了师范生在自身的实践教学考核评价中并不具有较强的话语权。如图 10 - 7 所示。

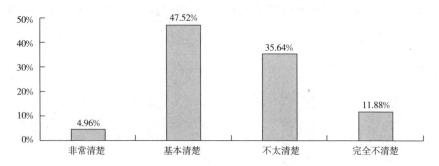

图 9 - 7　师范生对实践教学考核评价开展情况的了解程度

关于指导教师在实践教学考核评价中与师范生的沟通情况，有时进行沟通的占比 36.63％，偶尔进行沟通的占比 32.67％，从来不沟通的占比 17.83％，经常沟通的仅占 12.87％。数据分析表明，在实践教学开展前、实施中以及结束后，指导教师与师范生的沟通是十分必要的。师范生只有了解考核评价，才能够参与其中并调动自身的积极性，从而发挥考核评价的作用。如表 9 - 3 所示。

表 9 - 3　指导教师在实践教学考核评价中与师范生的沟通情况

经常沟通	有时沟通	偶尔沟通	从来不沟通
12.87％	36.63％	32.67％	17.83％

（五）实践教学考核评价最应参考的内容

这一部分主要从实践教学考核评价的内容出发进行相关数据调查。

根据数据，本研究发现，认为实践教学考核评价最应参考的内容是教学能力的占比 84.16％；认为学习能力最应被参考的，占比 69.31％；选择教育教学研究能力的则占比 60.4％。在教师的基本素养中，教学能力是首要的，因此教师必须掌握一定的科学文化知识和一定的教学基本技能。在新课改的要求下，教师的角色发生了许多变化，其由课程的忠实执行者转变为课程的建设者和开发者，由学校的教师转变为开放性的社区教师。在对待自我上，也更加强调反思。因此，在师范生教学考核评价中，教学能力、学习能力和教育教学研究能力的考查都必不可少。如图 9 - 8 所示。

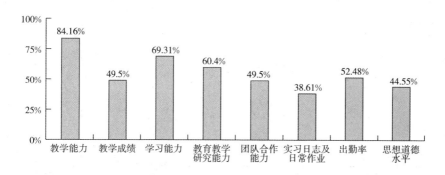

图 9 - 8　实践教学考核评价最应参考的内容

（六）实践教学考核评价的方法及满意度

在实践教学考核评价的方法方面，等级法和分数法是比较常用的两种方法，分别占比 34.65% 和 32.67%。这样的方法较口头评级法更为正式，也更容易让学生接受。实践教学考核评价的方法多种多样，指导教师可以根据具体的情况采用不同的评价方法。方法没有优劣之分，区别仅在于适合或不适合。只有根据不同的专业特色，选择不同的考核评价方法，才能发挥评价方法的作用。见表 9 - 4。

表 9 - 4　实践教学考核评价的方法

等级法	分数法	口头评级法	其他
34.65%	32.67%	25.74%	6.94%

在"师范生对考核评价的满意度"调查中，对实践教学考核评价基本满意的占 68.32%。数据显示，25.74% 的师范生持不满意的态度，选择非常满意的占比很小，仅占 4.95%。这说明高校的实践教学考核评价方法仍需改进。目前，高校实践教学考核评价的方法仍存在不足之处，因此，在今后的工作中，高校应该高度重视实践教学考核评价方法的选择，以提高学生的满意度。如图 9 - 9 所示。

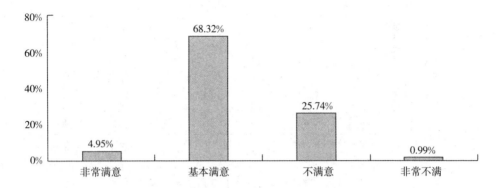

图 9 - 9　师范生对考核评价的满意度

在实践教学考核评价应采用的方式方面，82.18％的师范生更赞同采用过程性评价的方式，这是因为过程性评价更能体现其教学智慧和能力水平。选择终结性评价的占比 40.59％。目前，许多高校仍然采用终结性评价。在对师范生的实践教学进行考核评价时，指导教师多是在结束后给其一个评价、一个分数或一个等级，这容易引起师范生对考核评价结果的不满。在实践活动中，教师不可能随时观察师范生的表现，因此，在一定程度上，过程性评价无法完成。但是，指导教师不能仅凭个人主观感情对学生进行评价，而应了解学生的各个方面，以提升考核评价的客观性。如图 9 - 10 所示。

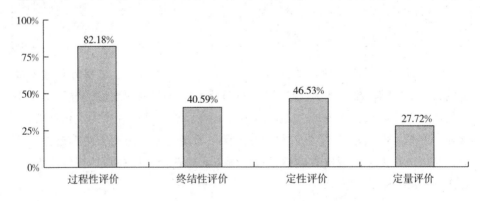

图 9 - 10　实践教学考核评价应采用的方式

（七）考核评价的效果

对实践教学考核评价效果的调查，主要涉及考核评价公平性的体现程度、教师对考核评价结果的处理、考核评价后的当务之急三个方面。

从实践教学考核评价公平性的体现程度的调查结果中可以看出，认为公平性体现比较到位的占比 43.56%，这是一个较为良好的现象，表明高校考核评价在一定程度上能够做到客观公正。然而，仍有师范生认为考核评价是比较差或严重缺失的。虽然比例较小，但学校仍应加以重视。怎样才能提高考核评价的公平性，应该成为一个值得重视的问题。认为公平性体现一般的占比 42.57%，比重较大。"一般"一词本身就带有不满意或者存在不足之处的意思，由此可推知高校的实践教学考核评价的公平效果是较差的。随着社会的发展，考核评价中掺杂了许多因素，从而造成考核评价的不公平现象。高校是教书育人的主阵地，因此应该公平公正并客观地评价每一位学生。如图 9 - 11 所示。

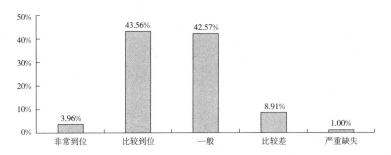

图 9 - 11　实践教学考核评价公平性的体现程度

在实践教学考核评价后指导教师的解释说明情况方面，有 28.71% 的指导教师从不进行解释说明，偶尔进行解释说明的指导教师则占 27.72%，这样的现象极为普遍。作为做出总结的人，指导教师有义务向师范生说明和解释。考核评价的目的是让师范生进步，如果指导教师不及时对师范生进行解释说明，师范生就无法及时通过考核评价的结果进行自我调整。如此一来，考核评价也就失去了作用。如表 9 - 5 所示。

表 9 - 5　实践教学考核评价后指导教师的解释说明情况

经常	有时	偶尔	从不
7.93%	35.64%	27.72%	28.71%

对于实践教学考核评价的效果，52.48% 的学生认为一般，选择很好的学生占 31.68%。如图 9 - 12 所示。

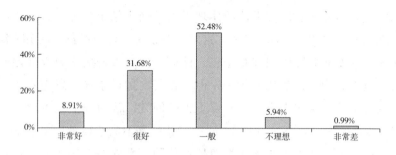

图 9 - 12 实践教学考核评价的效果

三、实践教学考核评价问题分析

师范教育在培养目标、课程内容、课程实施过程、教学组织形式及课程考核评价等方面具有不同于其他专业的特点。目前，我国的实践教学考核评价多重视学生实践教学的结果，而忽视实践教学的过程。总之，师范生实践教学考核评价方法的许多不足之处，已经成为师范生实践教学改革与发展的瓶颈。

（一）主体缺乏正确的认识和态度

在"U-G-S"中，高校承担桥梁作用，政府发挥主导作用。但在实际情况中，政府的职能往往被弱化。在实践教学的开展中和实践教学考核评价的进行中，大部分师范生认为高校才是考核评价的主体，这说明高校与教育部门和地方中小学的衔接存在问题。如果教育部门没有在实践教学前做好安排，那么三者就没法在实践教学考核评价过程中合理分工。如此，就会造成教育部门不作为，高校大包大揽，中小学不积极的现象。

作为实践教学考核评价最重要的主体，高校和教师如果没有正确的认知和态度，那么实践教学考核评价就不会产生好的结果。从数据中可以看出，教师对师范生的指导是不到位的。具体而言，在考核评价过程中，教师没有综合考虑师范生各方面的素养；在考核评价后，教师没有及时针对结果进行沟通解释，没有帮助考核评价的主体树立"注重反馈作用"的观念。考核评价的实际情况是，实践教学结束后，教师给出一个等级，学生则没有对结果进行追问或与教师进行沟通，以找出自己的不足。考核评价结束后，教师认为工作已全部结束，但是考核评价结果的反馈作用并没有得到发挥。考核评价不仅是教师对学生的单向考核，还是"以评促改"的双向沟通过程，因此教师、学生和高校都应该重视考核评价的反馈作用。

（二）实践教学考核评价的主体单一

实践教学考核评价的参与主体不仅包括带队教师、实习基地的指导教师，还包括师范生本人、小组成员等。实习基地所带班级的学生对师范生的实践教学也具有相同的发言权，但许多高校仅仅把外部评价作为考核评价的主体。无论是带队教师评价还是指导教师评价，都有一个特点，即强化教师在考核评价中的主体地位，忽视师范生的发言权。目前，受多方面因素影响，教师难以掌握师范生在实践教学中的表现，因而其无法全面分析师范生的情况。绝大部分教师的评价具有很大的主观性，存在印象分和感情分的情况。从数据中可以看出，师范生比较看重所带班级学生的评价，这种意识在某种程度上体现了高校与中小学合作的态度。评价主体的单一性导致了评价结果的随意性，这样的结果无法真实地反映师范生实践教学的成果。实践教学活动的考核评价离不开多方主体的参与，但在实际操作中，由于实践教学在教学场所、开展形式、实践内容、实施方法等方面具有特殊性，学校往往游离于评价主体之外，学生的评价也往往被忽视。

不同的主体具有不同的立场，因而考核评价的侧重点也各不相同。实践主体的缺失，不仅会造成某一考核评价主体工作量的增加，还会影响考核评价的内容。这将使考核评价结果不够科学，致使考核评价的反馈作用无法实现。

（三）实践教学考核评价的内容片面

作为实践中最接近师范生的主体，中小学有必要担负起培养和管理师范生的责任。然而，中小学既没有在实际考核中及时向高校反映师范生的情况，也没有及时纠正师范生在实习过程中出现的各种问题。

教育部门既没有制定严格的考查内容标准，也没有阶段性地深入师范生实践教学活动，以及时调整考核内容。高校对考核内容的设置也很笼统，没有具体化的要求。

在进行考核评价时，石家庄学院存在忽视教师职业的基本素养和综合能力的考查的情况。由于受到多方面的限制，石家庄学院的实践教学考核评价多以师范生的实习日志和实习报告等文字性材料为依据。这样的考核内容既无法使高校全方位地了解师范生实践的真实感受和收获，也无法直观体现师范生在实践过程中的情感体验、价值观和能力的养成。在实践教学考核的过程中，评价主体没有考虑到高校自身的优势和特点；在提出实践教学考核评价的总内容之后，也没有根据不同的专业特点提出相应的具体要求。同时，考核评价忽视了师范生的个体差异性，内容过分强调对师范生的共性要求，忽视了他们的个性差异。实践后的考核评价多重视师范生教育、教学技能的习得，忽视了师范生的专业成长和整体素质的提升。实践教学考核评价的内容应该包括教学能力、教学成绩、学习能力、教育教学研究能力、团队合作能力、实习日志及日常作业、出勤率和思想道德水平等方面。师范生基本素养（包括本体性知识、条件性知识和其他知识素养）的考核应被放在首要位置，教学绩效等也应成为考核的重点。对师范生的考核应在动态的过程中进行，以便全面地评价师范生的教育教学实践活动。

（四）实践教学考核评价方法绝对化

考核内容不全面的主要原因是考核评价方法选择不当。大部分考核评价都选择使用单一的终结性评价方法，忽视了诊断性评价和形成性评价的作用。在考核评价的方式方法这一方面，高校多采用以一种方式方法为主导的考核评价方式，或将两种或者多种方法进行融合，以便从更多的角度评价师范生，而关注师范生实践教学的过程的评价方法较为少见。目前，考核评价只能从某一方面观测学生的行为，这就造成了评价结果缺乏科学性和全面性。随着素质教育的推行，师范生的考核评价作用越来越突出，考核内容要求越来越全面。只有将师范生的实践过程融入考核评价，才能更好地体现师范生的能力养成过程，才能使实践教学考核评价发挥促进师范生素质全面发展的作用。

（五）实践教学考核评价标准不规范

教育行政部门、高校和地方中小学的考核评价标准和内容各不相同。根据实际情况，师范生的实践教学考核成绩是由地方中小学和高校评定的，但两者评定的标准并不统一，地方中小学更看重师范生的教学能力，高校则更多是根据师范生自己提交的材料，综合中小学的评价给出结果。如此一来，就造成了考核评价标准混乱、考核结果不科学的问题。同时，"U-G-S"当中的三方主体没有协同建立有关考核指导教师的标准，因此无法从侧面对教师开展考核活动的有效性进行监督。在师范生实习的过程中，高校和教育部门没有监督中小学考核评价的实施，无法完全跟踪师范生的实践活动，因此考核评价效果不稳定。

制定实践教学考核评价的标准是实践教学考核评价工作开展的前提和基

础。学校对教师的考核和对学生的考核不能一概而论，对学生实践教学的考核和对理论课程的考核标准也应不同。虽然实践教学的开展已经取得了较大进步，但实践教学考核评价的进展并没有很大的突破。对实践教学活动的考核评价应该更多地重视学生的能力养成，而不是其笔试成绩。学生认为，考核评价的目的应是诊断和改进。其中，诊断是指根据学生在实践教学活动中的表现，由教师指出其存在的不足；改进是指学生在教师的指导下，自觉地对自身的不足加以改正，从而不断提高个人的实践教学能力和水平。许多学校的考核评价标准不够明确，具体实施方法也模棱两可，致使教师无评价标准可依，从而使得教育实习评价的形式化、随意化现象日益凸显。

第二节 "U-G-S"协同培养模式下师范生实践教学考核评价的改进建议

在"U-G-S"协同培养模式下，师范生实践教学是教师教育院校、地方政府和中小学校共同的责任。因此，高校、地方政府、中小学三方应协同各自的教育力量，转变评价观念，完善评价内容，创新评价形式，构建以师范生专业成长为中心的多方参与的实践教学考核评价体系。

一、转变认知，树立以师范生成长为中心的评价观

目前，政府、高校、地方中小学对师范生实践教学考核评价不够重视。虽然实践教学正在朝着良好的方向发展，但考核评价体系的建设和各方的责任并不明确。

（一）明确主体责任

如前所述，地方政府、中小学和高校必须树立合作共赢的理念，各司其职，共同提高师范生实践教学质量。地方教育行政部门要发挥好自身在中小学与高校之间的桥梁作用，要将接纳师范生教育实践作为中小学工作考核评价和特色评选的重要内容，统筹考虑本地区师范生规模结构和服务方向，与举办教师教育的院校共同遴选建设长期稳定、多样化的教育实践基地。

中小学要将接纳师范生教育实践作为应尽的责任和义务，欢迎师范生进

校门，确保能为师范生提供充足的实践岗位、充分的实践机会、有效的实践指导和舒适的实践环境。高校应与中小学共同寻求文化价值目标，共同寻求发展，以消除文化差异，从而开展深度合作，搭建长期的合作平台。

（二）坚持以学生为本的理念

考核评价要做到"一切为了学生、为了一切学生、为了学生一切"，应该树立发展性评价的观念，以使学生在发展性教育评价活动中，不断地认识自我、发展自我、完善自我，不断地优化自身素质结构。发展性考核评价是全体教育工作者的共同责任，因而各方应加强协作，建立多方参与的合作机制。在今后的实践教学考核评价中，地方政府应在制度方面做好保障，以使实践教学考核评价切实可行；高校应该主动改变"重理论轻实践"的思想，加强对学生和教师的思想指导；地方中小学应该用更加包容的态度来开展师范生实践教学活动。在这个过程中，无论是地方中小学还是高校，都应促使师范生弥补个人能力养成过程中"生活"与"教育"之间的缺失，从而使其既成为考核评价的主体，也成为考核评价的客体。只有三者共同努力，才能促进实践教学考核评价的良好发展。

二、考核评价主体的多元化

考核评价主体多元化是为了让更多的教育主体积极主动地参与考核评价，以使考核评价的结果能够代表更多人的声音，使考核评价的开展更加开放，使考核评价更具民主性。考核评价不仅应有教师的参与，还应采用师范生自我评价和实践小组互评的方式。

（一）号召多方主体参与考核评价

古德莱德曾指出，中小学的发展与进步离不开教师个体的发展与进步。因此，在实践考核中，我们应该重视主体的多元化。主体多元化，即在教师主导和学生主体作用同时发挥时，鼓励学生展开互评，促使社会各方面的有关人士共同参与评价，从而对学生的发展状况建立共识、形成合力，共同关心、促进师范生的成长和进步。实践教学考核评价应以指导教师评价为主，兼顾同伴评价、自我评价、学生评价和实践基地评价，完善多方参与的教育实践考核评价体系。对师范生的考核评价，不应是高校、地方政府或者中小学某一方的责任，而应由三方共同做好师范生的考核评价工作。在这一方面，政府应发挥主导作用。在师范生实践教学过程中，政府应提出硬性要求，在对中小学的考察中融入中小学对师范生实践教学的考核评价，促使中小学自觉加强对师范生考核评价的重视。在师范生进行实践教学之前，带队教师应将小组考核评价的方式介绍给师范生，以使其成为考核评价的主体。同时，应重视师范生自评的作用。

(二) 搭建多方参与平台，实现协同育人

为了获得更准确、更有效的评价结果，地方政府应深入研究"U-S"模式，制定一系列的实施规则，建立和完善合作机制，积极承担自身在发展高校与中小学合作中的责任和义务，给予他们充分的自主权①。加强中小学与高校的关系，建立"双导师制"，培养一支具备专门理论知识和技术的考核评价队伍，重视地方中小学教师"理论—实践—技能"的考核和高校指导教师"理论—实践—理论"的评价。大学指导教师可以考查师范生的实习情况及其表现、实习过程中的教学方案等；地方中小学指导教师可以全面、具体地了解师范生的教学能力表现、班级管理情况、板书情况、教学媒体应用情况、教育教学进行科研探讨的能力等；实习同伴可以在实习过程中互相提出建议；师范生所带班级的学生可以对其教学情况、班主任工作、实习态度等方面做出反馈；师范生可以对自己的教育教学工作进行总结与反思。② 多方形成合力，真正做到协同育人。

三、考核评价内容多维化

(一) 坚持"三维一体"的评价目标

学生是独特的人，是具有独立意义的完整个体，其思想、行为方式都会随着实践活动的逐渐开展而发生变化。因此，实践教学考核评价的内容也要与时俱进，不断增加新的内容，以体现实践教学考核评价的不同层面。依据

---

① 刘晓玲. 转型发展视域下职前教师"U-S"合作培养模式的策略性博弈 [J]. 教育探索. 2017 (4)：94-98.

② 刘志慧，王冬梅. "以学生为主体"的高校教师教学评价指标体系构建 [J]. 黑龙江科学. 2018，9 (3)：34-35.

"知识与能力、过程与方法、情感态度价值观"三维一体的评价目标，在考核评价内容的制定过程中，高校要考虑到师范生掌握专业知识的情况和运用专业知识解决问题的能力；要注重其在实践过程中的具体表现及感受。高校应协同地方中小学，在教育部门的指导下，对师范生的学科知识、实践教学能力、课程创新精神、心理素质，以及情绪、态度和习惯等素质进行综合考核评价。考核评价的主体要根据师范生不同方面的表现，从不同的角度对师范生加以评价。不应轻易下结论，而应更好地发挥考核评价对实践教学的导向作用和对师范生成长的激励作用。

（二）多方协作，完善考核指标

为了在"U-G-S"模式下完善考核评价的内容，各学科专家、一线教师、高校指导教师和中小学教师等应组成小组，通过研究，确定实践教学考核评价的内容，确定相对统一、具体的指标，从而为考核评价做出参考体系。地方政府协同高校和地方中小学建立的评价指标必须是一个完整、协调的系统，应全面、准确地反映评价目标，而不应遗漏任何一个重要指标。地方中小学应建立完善的以实习计划、实习教案、听课评课记录、实习总结与考核等为主要内容的师范生教育实习档案袋制度。地方中小学和高校应在实践教学中做到有课程标准、实施计划、实习手册、评价标准等工作规范，做到实习前有明确要求、实习中有严格监督、实习后有考核评价。应根据整体设计，分阶段安排教育实践的内容，构建包括师德体验、教学实践、班级管理实践、教研实践等在内的全方位的教育实践内容体系，以促进理论与实践的深度融合。中小学和高校应对师范生实习考核评价的内容进行明确的规定，统一考核评价的指标，以使考核评价有进行的依据。

四、建立多样化的考核评价方式

（一）重视过程性评价的作用

通过进行过程性评价，能够全面、深入、及时地对师范生的实践教学行为、实践教学态度、实践教学效果进行评价，以使师范生及时了解自己的实践教学进度与质量。在过程性评价中，要坚持将定量与定性评价相结合，将标准参照与常规参照相结合，以实现评价方法的多样化。目前，课堂互动观察评价、行为事件访谈法、自我研究、档案袋评价法、微格教学评价法、开放性试题与反思日志总结，都是师范生实践教学常用的质性考核评价方法。由于中小学的实习指导教师更加熟悉师范生的教育实践情况，因此，高校指导教师应及时与中小学教师沟通，以获取更多信息。此外，在过程性评价中，要发挥多样化评价工具的作用。教育实习手册、教育实习档案等评价工具涵盖了师范生实习的过程及结果，记载了师范生认知、情感和能力等全方位发展情况，为全方位分析和评价师范生成长发展状况提供了辅助和支持。

（二）建立现代化的考核评价方法

考核评价可以充分利用现代传媒的作用，创新实践教学考核评价的方式，开拓考核评价的途径，使师范生在先进的技术引导下参与实践教学考核；采用不同方式对师范生的品德、教学能力、学习能力等情况进行评价。建立师范生专业成长档案袋的目的是科学记录教师的专业成长过程，增强师范生自我反思、主动发展的意识和能力，从而完善师范生实践教学考核评价体系。师范生专业成长档案袋应该包括个人基本信息表、个人专业发展规划表、参与课题记录表、辅导学生情况表、业务培训、个性成果资料目录等。

师范生实践教学考核评价是一项长期的、复杂的工作，需要采用多种多样的方法来开展。多元化的考核评价方式能够大大激发学生学习的内部动机，充分调动学生参与考核评价的积极性。

五、发挥实践教学考核评价的反馈作用

反馈是有效评估的基本要求。对师范生教育实践的反馈，主要包含课堂观察反馈、自我评估反馈、所教班级学生成绩反馈、结果评估反馈等。及时、恰当的评价反馈对师范生自我能力的发展至关重要。

（一）建立科学合理的师范生实践教学评价信息采集机制

反馈的内容包括，考核评价是否关注学生的学习经历和感受，尤其是是否满足学生的学习兴趣和需要。每一个师范生都可以通过考核评价来了解自身的状况。其目的在于发现问题、改进教学、促进学生成长。众所周知，考核评价的前提是全面了解每一个师范生在实践教学活动中的真实表现。因此，要想给予学生科学合理的反馈，就要首先保证评价信息的有效性。这就要求

指导教师具备观察指导和教学管理经验，熟悉各类评价工具和支持技术，以保证评价信息采集的公平和效率。在评价信息采集中，采用形式多样的评价工具是至关重要的。因此，高校和中小学应协同合作，制定科学与完备的教育实习评价指导性工具，如教育实习手册，并按照质性与量化评价相结合的原则完善评价工具，如教育实习档案等质性评价工具，以及各种观察评估与实习成绩报告单等量化评价工具。最后，还要重视现代化的信息技术在整个教育实践教学评价系统中的应用，努力形成全程化、个性化的网络证据收集和评价平台，从而为高质量的评价实施提供技术支持。

（二）合理利用考核评价的结果，强化反馈

为什么反馈，反馈什么和如何反馈是师范生实践教学评价需要考虑的关键问题。要想发挥实践教学考核评价结果的反馈作用，就要辩证地看待"为评价的教学"和"为教学的评价"[①] 二者的关系。考核评价的目的是更好地开展实践教学，更好地为师范生的培养提供教学服务，以提高教学效率。通过教学评价，师范生能够及时地了解自己在实践教学中的不足，进而得到改进和成长。因此，应当对所获证据信息做出合理解释，并基于此对师范生的持续专业发展提出改进方案。这就需要合理解释并科学使用考核评价结果。所以，在实践中，指导教师需要将师范生自我评估、实习成绩等内容纳入反馈，并为师范生提供具体的考评依据和有针对性的问题指导。总之，在评价反馈过程中，指导教师应始终注重以师范生的发展为价值导向，用基于实践的表现性术语描述师范生目前的发展状况，从而不仅让师范生了解其目前所处的水平，而且使师范生清楚地了解其未来的发展方向和要达到的水平，更要使他们知道自己还需做些什么，以及应如何去做。同时，指导教师要始终关注师范生教学质量的提升和教育智慧的生成。就目前来看，要想实现评价的反馈功能，高校和地方中小学就必须各负其责、协同发力，建立充分的对话交流机制，共享实践教学信息。

---

① 王媛．"以学生为中心"视角下教学评价的四大转换任务 [J]．教学研究．2018；41（1）：26-30．

第十章　应用型本科高校师范生
毕业论文调查研究

第一节　应用型本科高校师范生毕业
论文的调查结果及分析

本研究主要分析高校师范生在毕业论文写作的各个环节中存在的问题，并结合石家庄学院 2014—2017 年小学教育专业毕业论文的内容和 2018 届石家庄学院小学教育专业毕业生的问卷调查来对毕业论文的写作问题进行分析。同时，本研究将对近期毕业论文存废的争论展开探讨，并提出一些具有针对性的建议。

一、毕业论文写作认识的情况

（一）毕业论文的重要程度

调查显示，认为就业重要的小学教育专业的学生占总体的 57.58％；认为考研重要的占比为 31.31％；认为毕业论文重要的仅占 11.11％。由此可知，当前小学教育专业的学生对毕业论文的重视程度远不如就业和考研。除了大学生自身的态度之外，学校引导学生重视毕业论文的工作也不到位。

（二）毕业论文的写作认识

调查显示，小学教育专业的学生中，对毕业论文写作要求以及写作规范非常清楚和比较清楚的分别占比 10.10％、31.31％；对毕业论文写作要求及写作规范不太清楚和很不清楚的占比较小，分别为 13.13％和 4.04％；认为一般的则占比较大，为 41.42％。这表明小学教育专业的学生对毕业论文有一定的认识，但不是特别清楚。因此，高校还需要进一步加强学生对毕业论文写作要求及写作规范的认识。

（三）毕业论文写作认识的来源

鉴于大学生不是很清楚毕业论文的写作要求和写作规范，故本研究依据调查分析（图 10 - 1）了解其来源。37.37％的学生对毕业论文的认识源于指导教师的指导；31.31％的学生源于从校内网上下载相关文件；20.20％的学生源于查看文献资料；源于相关课程学习的比例则很小，仅占 11.12％。由此可知，毕业论文相关课程的设置不是很完善，需要加以改进。

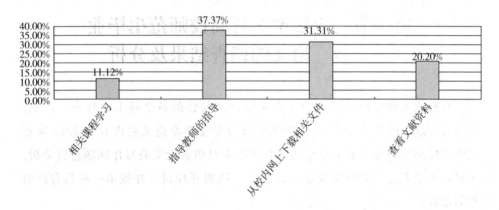

图 10 - 1　毕业论文写作要求、规范的来源

二、毕业论文的选题情况

（一）毕业论文的选题对象

对整个毕业论文写作过程来说，毕业论文的选题至关重要。本研究从 15 个研究主题出发，对 196 篇毕业论文的选题进行分类，并根据对象类目的篇数对其进行描述性统计，以便从整体上了解小学教育专业毕业论文的主要选题方向、研究走向和局势。调查结果如表 10 - 1 所示。通过分析总结，可以看出：

（1）选题趋势集中。选题的研究对象主要集中在"语文学科""数学学科""课堂教学""学生管理""教师管理"五大领域上，并且毕业论文选题与指导教师的研究课题或方向有相当大的联系，如研究语文学科的导师指导其学生选择该方向的选题，研究数学学科的导师指导其学生选择与该方向相关的选题等。除此之外，小学教育专业开设的课程也与选题有一定的关系，如开设的语文课程、班级管理课程等；作为教学过程基本构成要素的"教师""学生""课堂教学"也一直是需要集中探讨和进一步研究的课题。

（2）选题范围较广。据表10-1，小学教育专业毕业论文选题集中于"语文学科"，之后是"课堂教学""学生管理""教师管理"，"数学学科""课程开发与管理"紧跟其后，"大学生（师范生）""英语学科"也占有一定的比例，涉及"师生关系""班级管理""学校管理""家校合作""家庭教育""顶岗实习""校外辅导"等研究对象的论文篇数则较少。其中，"语文学科"的研究对象分为"阅读教学""口语交际教学""写字教学""识字教学""习作（写作教学）""拼音教学""语文综合性学习"等，每个大的研究领域又划分出很多具体的研究对象。

（3）选题角度创新。从毕业论文选题范围来看，2014—2017年小学教育专业毕业论文选题范围比较广泛，所涉及的方面也比较多。例如，比较熟悉的"语文学科""教师管理""学生管理""课堂教学""课程开发与管理"，以及"家校合作""校外辅导""家庭教育"等新研究对象。即使是研究同一领域的，学生也会有自己的独特之处。例如，将"语文学科"中的"阅读教学"与"非连续性文本""'以导促读，以评促悟'模式""新媒体技术""图式理论"等相联系、相结合等。这说明，在进行毕业论文选题时，学生能够做到结合社会教育热点问题。从这点来看，学生选题的情况还是比较乐观的。

表10-1　2014—2017年毕业论文选题的研究对象统计

研究主题	篇数	百分比（%）
语文学科	35	17.86
数学学科	17	8.67
英语学科	13	6.63
教师管理	20	10.20
学生管理	23	11.73
师生关系	3	1.53
班级管理	4	2.04

续　表

研究主题	篇数	百分比（%）
课堂教学	26	13.27
学校管理	3	1.53
课程开发与管理	18	9.18
家校合作	6	3.06
家庭教育	4	2.04
顶岗实习	6	3.06
校外辅导	4	2.04
大学生（师范生）	14	7.14
总计	196	100

（二）毕业论文的选题时间

从图 10-2 中可以看出，33.33％的学生认为应在大三下学期进行毕业论文选题；31.31％的学生认为应该在大四上学期进行毕业论文选题；19.19％的学生认为应在大三上学期进行毕业论文选题；其余时间进行选题所占比例则很小。由此可以看出，绝大多数学生更倾向于选择大三下学期和大四上学期进行选题，这说明选题时间应该有所变动，毕竟毕业论文选题时间的早晚也会影响毕业论文的写作质量。

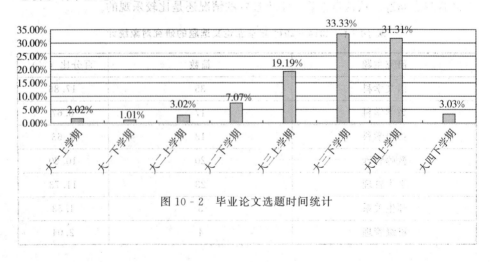

图 10-2　毕业论文选题时间统计

（三）毕业论文的选题方式

调查分析发现，46.46%的学生是自行拟题；31.31%的学生是师生共拟题；13.13%的学生是教师拟题；教师科研项目所占比例则特别小，仅占9.10%。这表明学生在选题方面具有较大的自主权。然而，部分学生的选题方式是教师拟题，这不利于学生对毕业论文写作投入热情，应当尽可能地改善这种情况。

（四）毕业论文的创新选题

调查分析发现，在创新性对毕业论文选题的重要性问题上，认为非常重要和比较重要的占比例较大，分别为34.34%和43.43%；认为创新性对毕业论文的重要性一般的占19.19%；认为不重要和非常不重要的则占比很小。由此可知，绝大多数学生认为创新性对毕业论文选题有一定的重要性。

（五）毕业论文选题的影响因素

如图10-3所示，在进行毕业论文选题时，72.73%的学生认为选题应与兴趣爱好相关，这表明大多数学生倾向于选择自己感兴趣的课题；54.55%的学生认为选题应与专业相关；56.57%的学生重视易收集材料、易撰写；46.46%的学生认为选题应与教育实习内容相关；31.31%的学生注重题目是否新颖；32.32%的学生考虑题目是否具有前沿性；考虑与指导教师的课题相关和与指导教师所提供的条件相关的占比相同，均占21.21%；考虑指导教师学术水平的仅占12.12%。总体而言，学生在选题时更注重自身方面的因素，而对指导教师方面的因素考虑较少。

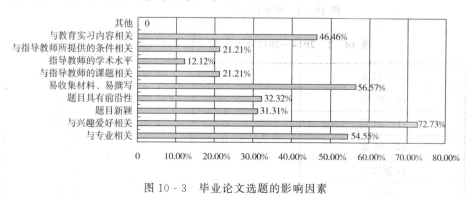

图10-3　毕业论文选题的影响因素

三、毕业论文的文献阅读情况

（一）参考文献的阅读量

通过调查分析，由图 10 - 4 可知，40.41％的学生的参考文献阅读量为
10—30 篇；28.29％的学生的阅读量为 30—40 篇；21.20％的学生的阅读量为
40—50 篇；50 篇以上的则占比较小，仅占 10.10％。同时，对 196 篇毕业论
文的参考文献量进行统计分析，可以发现，如表 10 - 2 所示，56.12％（110
篇）的毕业论文参考文献为 21—30 篇；36.23％（71 篇）的毕业论文参考文
献为 10—20 篇；6.63％（13 篇）的毕业论文参考文献为 31—40 篇；而毕业
论文参考文献在 41 篇以上的比例很小，仅占 1.02％（2 篇）。这表明在撰写
毕业论文的过程中，学生阅读文献的工作做得不是很好。如果没有足够的阅
读数量，理论基础就得不到保障，从而不利于毕业论文的撰写。这也间接地
说明了高校大学生阅读水平普遍较低，缺乏良好的阅读能力。

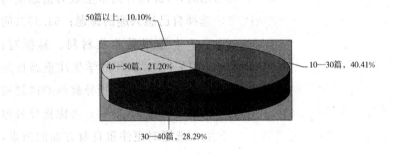

图 10 - 4　毕业论文的参考文献数量统计

表 10 - 2　2014—2017 年毕业论文参考文献量的统计

文献数量	论文个数	百分比（％）
10—20 篇	71	36.22
21—30 篇	110	56.12
31—40 篇	13	6.63
41 篇以上	2	1.02
总计	196	100

（二）参考文献的类型

为进一步了解毕业论文参考文献的情况，本研究在对 196 篇毕业论文参考文献阅读量展开分析的基础上，对参考文献类型进行了调查分析。毕业论文的参考文献大致分为期刊［J］、学位论文［D］、普通图书［M］、档案［A］、标准［S］、报纸［N］、报告［R］和未说明文献［Z］这几种类型。其中，"期刊［J］"的使用率高达 50％，但"期刊［J］"中使用"核心期刊"的比例只有三分之一；"学位论文［D］"的使用较多，约有 30％；排在第三位的则是"普通图书［M］"，相较于前两者而言，它的使用率较低，约有 15％；其余的文献类型使用率则均在 10％以下。通过分析毕业论文参考文献的使用类型，本研究发现毕业论文参考文献以期刊［J］、学位论文［D］、普通图书［M］这三种类型为主，这也间接地表明了毕业论文参考文献的质量并不能得到保证。

（三）参考文献的获取方式

调查发现，在获取毕业论文参考文献的方式上，83.84％的学生是到学校图书馆查阅；77.78％的学生是上网搜索；44.44％的学生是由指导教师提供；其他获取方式则占比很小。这表明绝大多数学生在撰写毕业论文时，主要通过查阅图书馆的资料和上网搜索来获取参考文献。

（四）图书馆提供资料的充足度

调查发现，2.12％的学生认为图书馆提供的资料是非常充足的；65.66％的学生认为图书馆提供的资料基本能满足其需求；21.21％的学生认为图书馆只能提供很少的资料；还有 11.01％的学生表示不清楚图书馆的资料情况。由此可知，学校应加强图书馆的管理工作，以便为学生毕业论文的撰写工作提供充足的资料。

四、毕业论文研究方法的使用情况

（一）毕业论文使用研究方法的次数分配状况

为了解小学教育专业学生在撰写毕业论文时运用研究方法的情况，本研究将分析方法分为十二种，"其他"则是无法归入这十二种的研究方法。从表

10-3中可以看出，在所有的研究方法中，文献法的使用次数占总次数的33.03%（179次）；问卷调查法的使用次数占总次数的26.94%（146次）；访谈法的使用次数占21.96%（119次）；另外，还有两种研究方法的使用次数也较高，观察法的使用次数占6.09%（33次），案例分析法的使用次数占5.53%（30次）；比较法、个案研究法、测量法、内容分析法、行动研究法、统计分析法和综合分析法的使用次数则较少，均在10次以下。这表明，文献法、问卷调查法和访谈法是毕业论文的主要研究方法。

表10-3 2014—2017毕业论文研究方法的使用次数

研究方法	使用次数	百分比（%）
文献法	179	33.03
问卷调查法	146	26.94
访谈法	119	21.96
观察法	33	6.09
比较法	6	1.11
测量法	4	0.74
个案研究法	7	1.29
案例分析法	30	5.54
内容分析法	1	0.18
统计分析法	3	0.55
综合分析法	2	0.37
行动研究法	4	0.74
其他 *	8	1.48
总计	542★	100

注：*分别代表实物分析法（1次；0.18%）；实验法（1次；0.18%）；教材分析法（1次；0.18%）；作品分析法（1次；0.18%）；经验总结法（1次；0.18%）；理论分析法（1次；0.18%）；叙事研究法（1次；0.18%）。

★代表很多毕业论文中使用了2种以上研究方法，所以研究方法的使用次数多于论文总的篇数。

（二）毕业论文使用的研究方法种数分配状况

为了进一步地了解小学教育专业毕业论文所使用的研究方法的情况，下面将对 196 篇毕业论文每篇所使用的研究方法，按数量分为 1 种、2 种、3 种、4 种。数据统计如表 10-4、表 10-5 所示。在全部 196 篇毕业论文中，一篇论文最少使用 1 种研究方法，最多使用 4 种研究方法，累计使用研究方法 542 次，平均每篇使用研究方法 2.77 次。由此表明，在研究方法方面，平均每篇毕业论文使用 2.77 种研究方法，而使用研究方法排名靠前的是文献法、问卷调查法和访谈法，之后是观察法和案例分析法。

表 10-4　毕业论文研究方法的种数概况

	总篇数	最小种数	最大种数	总次数	平均次数
研究方法	196	1	4	542	2.77

（三）研究方法的有效性

通过调查分析发现，94.95％的学生能够做到将自己采用的研究方法很好地体现在毕业论文写作中；仅有 5.05％的学生不能在毕业论文写作中将自己所采用的研究方法很好地体现出来。这表明，绝大多数学生都能在毕业论文写作中将自己所采用的研究方法很好地体现出来。

五、毕业论文写作的规范情况

（一）对毕业论文抄袭现象的整体认识

1. 对毕业论文抄袭现象的看法

调查分析发现，关于对毕业论文抄袭现象的看法，44.45％的学生认为这是不良现象；42.42％的学生认为这是普遍现象；仅有 13.13％的学生认为这是正常现象。这表明部分学生对毕业论文抄袭现象的态度不端正，高校在思想道德教育工作方面尚有不足之处。

2. 对于毕业论文抄袭现象的做法

由上述可知，毕业论文抄袭现象的整体情况并不乐观。为了进一步地研究学生对毕业论文抄袭现象的认识，还需要调查分析学生对毕业论文抄袭现象的自身做法。由图 10-5 可知，82.83％的学生认为可以适当参考别人的东西；14.14％的学生认为应当杜绝，坚决不会这么做；占据比例很小的是大家都这么做，自己也这么做。这反映了学生在撰写毕业论文的过程中，绝大多数人有抄袭他人研究成果的情况，这种抄袭现象的普遍存在既使得毕业论文的存在价值遭到了人们质疑，也引发了学术界关于毕业论文存废的讨论。

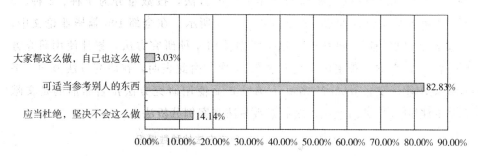

图 10 - 5　对于毕业论文抄袭现象的做法统计

（二）撰写毕业论文的准备工作

准备工作为撰写毕业论文奠定了一定的基础，如图 10 - 6 所示，大多数的学生是做了准备工作的，29.29％的学生查阅了大量的文献资料并做了充分的调研；54.55％的学生查阅了一些文献资料并做了一些调研；16.16％的学生是一边撰写，一边找资料。由此可知，在撰写毕业论文时，大多数学生虽然做了准备工作，但做得并不是很充分，这不利于毕业论文的撰写。因此，毕业论文撰写的准备工作有待完善。

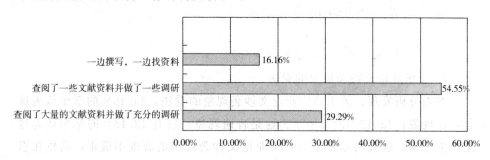

图 10 - 6　毕业论文的准备工作统计

（三）毕业论文语言的运用规范

通过对每篇毕业论文进行反复阅读和分析，本研究发现，部分毕业论文语言运用不太符合规范。196 篇小学教育专业的毕业论文中，不符合规范的有 76 篇（38.78％）。每年都有 30％左右的毕业论文不符合语言规范，主要为在语言表述上使用"第一人称",如表 10-6 所示。这表明在毕业论文语言运用上,确实存在语言缺乏"学术味"以及语言不够客观严谨的情况。然而,使用专业学术语言进行论述是毕业论文最基本的要求。这就要求学生掌握较多的专业术语,养成用专业术语进行写作的习惯,以达到语言规范的目的。

表 10-6 2014—2017 年毕业论文的语言运用

使用第一人称		
年份	篇数	百分比
2014 年(共 57 篇)	17	29.82%
2015 年(共 65 篇)	31	47.69%
2016 年(共 18 篇)	6	33.33%
2017 年(共 56 篇)	22	39.29%

(四)毕业论文撰写的数据来源

从图 10-7 中可以看出,82.83% 的学生开展问卷调查以获取数据;52.53% 的学生是通过整理文献资料得出数据的;28.28% 的学生开展实验获得数据;39.39% 的学生则是引用前人的研究数据。这表明在毕业论文的数据来源中,存在部分虚假数据。这也从侧面说明了在毕业论文写作中,存在一定的抄袭现象。因此,高校应加强对此现象的管理。

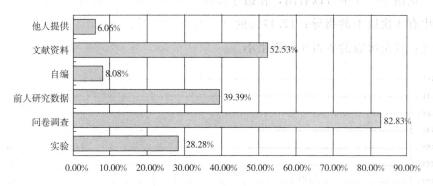

图 10-7 毕业论文的数据来源

(五)毕业论文观点形成方式

调查分析发现,49.49% 的学生是通过复制别人的文章并将自己的一些观点融入其中而形成论文的；46.47％的学生是通过自己进行数据分析完成论文的，都是自己的观点；将文献通过计算机裁剪重组，从而完成论文所占的比例则很小。这表明，部分学生在撰写毕业论文观点时，并没有进行独立的思考，存在学习懒惰心理。这也间接地表明了毕业论文存在一定程度的抄袭拼凑现象。

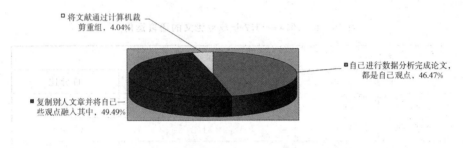

图 10 - 8　毕业论文的观点形成方式

六、毕业论文的写作指导情况

（一）指导教师的基本指导状况

本研究主要是从指导教师的指导次数、指导时间、指导态度三个方面分析指导教师的基本指导情况，结果如下。

1. 指导次数的调查结果

从图 10 - 9 中可以看出，在指导教师的指导次数这一问题上，59.60％的学生有 4 次以上的指导；17.17％的学生有 3 次指导；14.14％的学生有 2 次指导；其余次数的所占比例则很小。

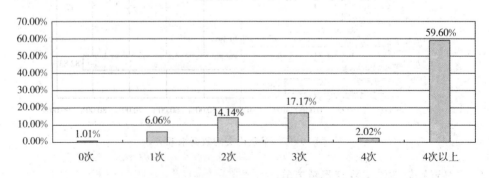

图 10 - 9　指导教师的指导次数

2. 指导时间的调查结果

调查分析发现，在指导时间的问题上，51.52%的学生认为比较充足，这表明大多数学生对指导教师为其提供的指导时间还是比较满意的；22.22%的学生认为一般，这说明部分学生的指导教师可能没有对其进行足够的指导，并不能很好地满足学生在指导时间方面的要求；其余所占比例则较小。对于指导时间，高校应尽可能地为学生提供方便。

3. 指导态度的调查结果

调查发现，在撰写毕业论文过程中，44.44%的学生认为指导教师的态度很认真，30.30%的学生认为指导教师的态度比较认真，这表明指导教师在对待学生态度方面还是过关的。17.17%的学生认为指导教师的态度一般，认为指导教师的态度不认真和很不认真的学生则占很小的比例，这表明即使大部分指导教师的态度是过关的，但仍存在小部分指导教师的态度有问题或态度并不是很好的情况。针对此类现象，高校应该尽量加强对指导教师的管理。

（二）学生对指导教师的满意度

调查分析"对指导教师满意程度的问题"发现，33.33%的学生对指导教师非常满意；37.37%的学生对指导教师比较满意；17.17%的学生对指导教师的满意程度为一般；其他方面所占比例很小。

（三）毕业论文的开题答辩情况

通过调查分析发现，21.21%的学生认为开题答辩非常严格；51.52%的学生认为比较严格；22.22%的学生认为学校毕业论文开题答辩严格程度为一般。这表明在毕业论文开题答辩方面，高校所做工作整体效果较好，但仍有少部分学生不认真对待毕业论文答辩。

调查发现，高校毕业论文答辩标准对学生毕业论文的写作还是有一定帮助的。其中，认为很有帮助和较有帮助的分别占比 23.23% 和 48.49%；23.23%的学生认为一般；认为没有帮助的则仅占5.05%。由此可知，毕业论文答辩标准对毕业论文撰写有较大的作用。

第二节 应用型本科高校师范生毕业 论文存在的问题及其原因

一、大学生对毕业论文写作价值与写作要求认知不足

作为大学教育的重要环节，本科毕业论文不仅是对学生思维能力与学术写作能力的检验，还是对学生四年学习成果的综合考核。但是问卷调查结果显示，有相当一部分学生并不认可本科毕业论文的重要性，对毕业论文重视程度不够、时间和精力投入不足。与此相关联的是，有相当多的学生缺乏对本科毕业论文写作的基本认知，不清楚毕业论文的写作要求和写作框架。综合来看，相关课程教学质量不高、毕业论文写作时间安排冲突是导致这一问题的主要原因。

（一）课程教学质量不高

毕业论文写作是本科生专业知识、批判性思维、创新能力、问题解决能力、学术写作能力等的综合体现。而培养和开发学生的以批判性思维与创新能力为核心的高级思维能力既是大学本科教育的重要目标之一，也是衡量本科课堂教学质量的一个重要参考指标。但研究表明，目前，教师教育专业培养方案的课程设置对师范生的批判性思维和创新能力的发展影响甚微。调查发现，16.16％的学生认为基础理论课程学习对学术研究能力的培养没有帮助。尽管本科课程教学改革取得了较大进展，但其在学生提出、分析和解决问题的能力训练方面还有很大改进空间，这直接或间接地影响了本科生对毕业论文写作的认知。

除了基础课程教学的影响，论文写作指导课程教学质量不高也是一个重要的影响因素。调查发现，58.59％的学生认为学校开设的毕业论文写作课程对自己帮助不大。有相当一部分的学生根本不记得具体的课程内容，对相关的科研方法及论文基本结构、写作要求等知识也不了解。

（二）写作时间安排不合理

写毕业论文的时间与就业、考研的时间比较接近，因而造成了不可避免

的冲突。在本科生就业难和考研率不断攀升的背景下，学生很难拿出足够的时间和精力来关注毕业论文。调查发现，58.59%的学生认为考研、就业压力大，因而无心写论文。对许多大学生来说，无论是找到一份好工作，还是考上一所好大学的研究生，都能保证其毕业后的稳定生活，因此，就业和考研都比毕业论文更为实际和有用。这就导致了在时间冲突的情况下，本科生不会认真对待毕业论文。

二、毕业论文选题相似性较高

在撰写毕业论文的过程中，选题发挥着重要作用，好的选题可以使毕业论文的撰写工作事半功倍。对 2014—2017 年石家庄学院小学教育专业毕业论文展开分析，本研究发现，虽然选题范围较为广泛，但是各论文之间的相似性较高。例如，对于"课堂管理问题"这一论题，就有 2017 年的《小学高年级学生课堂问题行为及应对策略研究》《小学高年级课堂管理问题及应对策略研究》，2015 年的《小学课堂主要纪律问题及管理策略研究》《农村小学低年级课堂问题行为的对策研究》《小学课堂纪律问题及解决的研究》，等等。本研究认为，专业理论知识欠缺、问题意识淡薄和选题管理工作不到位是造成毕业论文选题雷同的主要原因。

(一) 专业理论知识欠缺

作为撰写毕业论文的第一步，毕业论文选题并不是从零开始的。毕业论文的选题与学生的专业知识和学术素养有着密切的关系。如果缺乏必要的专业知识和学术素养，学生不仅很难在短时间内找到符合自己心意的研究论题，也很难搞懂自己研究论题的研究现状和需要解决的问题[①]。由于专业知识积累不足，有相当一部分的本科生主要参考已发表的论文进行选题，甚至有些学生会参考往届的选题，从而导致了毕业论文选题相似度较高且没有新意。所以，本科生毕业论文选题相似度高的根本原因是本科生对本专业领域的前沿研究把握不准。调查发现，82.83%的学生认为专业理论知识储备不足是"毕业论文写作过程中遇到问题"的最重要因素。

---

① 钱兵. 本科生毕业论文存在的问题分析及改进策略 [J]. 江苏高教，2017 (10)：60-63.

（二）问题意识淡薄

问题意识是指学生在因洞察、怀疑、批判认识对象而产生认知冲突，但深入思考后仍困惑不解时，出现的一种探索情境的或想做出发现式创新的心理状态。从一定意义上来说，本科生毕业论文的选题源自问题，因此本科生做好选题的关键在于有问题意识。换句话说，本科生选题相似的原因是其问题意识淡薄，无法提出有效的问题。本科生有无问题意识，及其问题意识质量的高低，不仅与其专业知识水准、领悟力和洞察力有关，还与其对专业（职业）生活的情感、态度有关。

（三）选题工作管理不到位

随着《本科毕业论文（设计）抽检办法（试行）》的发布，高校开始对本科生毕业论文实行全过程质量控制，制定了毕业论文各环节的工作要求和质量标准，并定期进行质量检查。作为毕业论文（设计）工作的第一个环节，选题应当被严格把关。然而，调查发现，很多专业对本科生毕业论文选题的管理不到位，很多措施流于形式。比如，部分指导教师擅自放松选题要求，在没有认真审核选题的价值、实践可行性的情况下就同意了学生的选题，并在选题后没有对其进行相应的指导。再比如，有些专业负责人尽管汇总了学生的毕业论文选题，但没有对其进行认真细致的分析，因而也就没有起到应有的把关作用。

三、参考文献质与量不达标

参考文献是为撰写或编辑论著而引用的文献资源，是学术论著不可缺少的重要组成部分。参考文献的核心功能是"学术论证"，即证明学术论文内容的科学性、价值性和创新性。因此，参考文献的质量是判断毕业论文水平的关键性指标之一。由此可见，毕业论文必须有足够的参考文献来作为研究理论支撑。然而，调查发现，56.12%（110篇）的毕业论文参考文献为21—30篇；毕业论文参考文献在41篇以上的则占比很小，仅占1.02%（2篇）。不难发现，有很大比例的本科生毕业论文仅有少量的参考文献，因而其难以对论文主题的相关研究现状做完整的论述。同时，通过分析毕业论文参考文献的使用类型，本研究发现，毕业论文参考文献尽管以"期刊［J］""学位论文［D］""专著［M］"这三种类型为主，但存在"期刊［J］"类参考文献偏少的现象,其中"核心期刊"则更少,因而难以体现论文的研究价值。另外,学生所参考的文献主要是国内文献,很少引用国外的文献。上述情况与本科生文献阅读能力不强有着直接关系,反映出文献检索课程教学与文献资源建设方面存在巨大问题。

(一)学生自身阅读能力较差

有效的文献阅读能力是撰写本科毕业论文的前提。通过查阅文献,学生不仅能够把握相关研究的前沿动态,为自己的课题研究提供一定的研究思路、研究方法,还能为解释自己的研究成果提供帮助。[①] 但是本科生的文献阅读能力较差,因而难以检索到所有的相关文献(这里的文献主要是指传播科学知识的书籍、期刊、学术会议论文、学位论文等)。即使检索到了相关文献,学生也很难做出有效的筛选,因而也就难以保证毕业论文参考文献的数量和质量。

(二)文献检索课程设置不完善

高校大多设有文献检索课,并且在研究方法课程中设有检索文献的专门章节。然而,很多院校的文献检索课多是由高等学校图书馆开设的新生教育内容,以专题讲座的形式开展。其开展次数较少,学生参与率不高。即使大学新生认真学习了这门课程,但到撰写毕业论文时也记不清课程的内容了。有的院校或二级学院以公选课的形式开设了文献检索课,但教学质量参差不齐,教学内容偏重理论知识,教学方式较为传统,进而影响了学生文献阅读能力的形成。

(三)学校的文献资源保障不足

学校文献资源建设是教学、科研的重要保障,但受到经费、技术环境变化等因素的影响,地方高校文献资源建设仍面临严峻挑战。由于没有经费,图书馆无法对文献的数量做出保障,这使得学校馆藏资源文献规模小、质量差、内容不够丰富。很多院校图书馆的陈旧文献早已失去阅读价值和保存价值。当前数字资源发展迅速,但部分供应商提供的数字图书存在量少质低等问题,难以满足学校教学、科研的需要。总之,学校文献资源保障不足、文

---

① 余水. 西部地区新建本科院校文科大学生毕业论文现状研究 [J]. 教育与职业. 2013(3):178-179.

献资料建设不完善，对学生撰写毕业论文有较大的影响。

四、毕业论文使用的研究方法不规范

研究方法的选择和使用对研究过程的科学性和研究结论的正确性起着决定性的作用。然而，令人遗憾的是，在撰写毕业论文的过程中，许多学生使用研究方法的情况并不乐观。譬如，缺少对必要的研究方法的描述，或研究方法不明确、不完整、不规范，致使无法在文中体现如何操作所使用的研究方法。再有，研究方法的设计存在缺陷，不够严谨。通过分析 196 篇毕业论文，本研究发现，平均每篇毕业论文使用 2.77 种研究方法，主要包括文献法、问卷调查法和访谈法，但撰写者没有对整个研究方法的设计选择给予基本的说明。此外，部分学生还存在不当选择或误用研究方法的情况。究其原因，有以下几个方面。

（一）对研究方法适用条件认识不足

通过分析学位论文对有关研究方法的叙述，我们发现，部分学生并不了解研究方法及其适用条件，因而也就难以规范表述研究方法的具体运用。学生对各种研究方法的认识不足，因而在选用研究方法时更倾向于选择常用的研究方法，而不是选择最适合研究主题的方法。通过分析研究方法的使用，本研究发现，学生在撰写毕业论文时，有 84.84% 的学生使用问卷调查法；77.78% 的学生使用文献法；65.66% 的学生使用访谈法；使用其他研究方法的学生则较少。

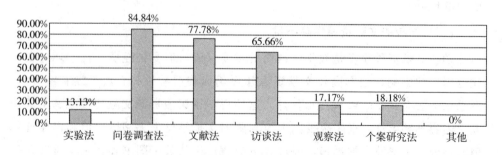

图 10-10　毕业论文研究方法的使用情况

（二）科研类课程建设有待加强

教育领域的方法论较少，因而多采用其他学科的研究范式。尽管引入其他学科的成熟方法提升了教育研究的科学性，但教育学研究目前尚未形成科学、严谨、成熟的理论框架、课程教材体系。这既不利于学生了解研究方法的具体使用情况，也很难满足学生撰写毕业论文的需求。通过分析196篇毕业论文，本研究发现，学生虽然使用的是同一种研究方法，名称却五花八门。此现象充分说明了加强系统的科研类课程建设的重要性。目前，学校基本上只开设一门专业科研方法课程，内容涵盖科学研究基本原理、一般的方法论体系和典型的研究范式，以及具体的量化研究方法、质性研究方法。此课程内容较多且课时有限，因此导致了部分教师只能教授最常用的研究方法。

(三) 教师教学方式较为传统

调查发现，受限于课时，不少教师在进行科研类课程教学时，只能照本宣科地对教材知识进行讲解，只能做到让学生掌握科研方法的基本程序，而不能使学生真正掌握、灵活准确地使用研究方法。

五、毕业论文写作与学术道德规范不符

作为学术研究，毕业论文有着自身的学术道德规范。只有符合学术道德规范，毕业论文才能更好地发挥存在的价值。调查发现，在毕业论文数据、观点的形成上，有39.39％的学生是引用前人的研究，49.49％的学生是对别人的文章进行复制并将自己的观点融入其中，得出的观点也不过是他人观点的堆砌，这间接地反映出学生毕业论文写作存在抄袭现象。上述问题存在的原因，主要有以下几个方面：

(一) 学生写作能力较差

通过分析196篇毕业论文，本研究发现，30％左右的毕业论文在语言表述上使用第一人称。最主要的原因还是学生毕业论文写作练习少，自身的写作能力差。77.78％的学生认为自身写作能力是影响毕业论文质量的因素。

(二) 学生的学术素养有待提高

除写作能力较差外，学生的自身学术素养也存在不足的问题，如学术理想及信念淡薄、自身缺乏道德自律意识。学生选题会考虑易收集材料、易撰写的题目。在这种思想的影响下，学生会选择已得到充分论证的论题，以方便自己在撰写过程中进行抄袭、拼接，这间接地说明了学生自身缺乏学术道

德素养。

（三）奖惩制度设置不完善

无论是提升学生的写作能力，还是加强学术道德规范，学校都在其中发挥着非常重要的管理作用。但是，学校制定的毕业论文写作相关制度不够完善，其管理力度不强，并且缺乏科研诚信教育。对于毕业论文抄袭情况，学校应该采取相应的奖惩措施，并设置保障机制以确保措施落到实处。

（四）社会的学术风气不正

社会学术风气也影响着学生的学术道德素养。网络技术不断发展，网络资源不仅为学生撰写毕业论文提供帮助，还为学生的写作抄袭提供了便利。

六、指导教师的指导工作不到位

在学生撰写毕业论文的过程中，指导教师发挥着不可或缺的作用。为学生撰写毕业论文提供及时、科学的指导是其职责。同时，指导教师在毕业论文撰写工作中具有至关重要的作用，因而直接影响着学生毕业论文的撰写质量。

（一）教师态度不端正

指导教师的态度直接决定了指导工作的有效程度。如图 10 - 11 所示，37.37％的学生认为导师因忙于个人事务而忽视学生；36.36％的学生认为导师没有及时提供指导。学生对待毕业论文的态度与指导教师的指导态度有着很大的联系。如果教师的态度不端正，其榜样示范作用就无法得到有效的发挥，学生写作的外部动力就会严重不足。

（二）指导工作安排不合理

学校对毕业论文指导工作的安排不太合理。从图 10 - 11 中可看出，55.55％的学生认为指导教师存在的问题是指导学生的数量太多，指导力度不够。因此，在指导学生人数的安排上，学校应该严格规定导师的指导人数，以确保其能予以学生足够的指导。

（三）教师专业水平有待提高

通过分析"影响毕业论文质量的因素"本研究发现，16.16％的学生认为指导教师水平不高，15.15％的学生认为指导教师责任心不强。由图 10 - 11

可知，25.25％的学生认为导师的专业学术素养有待提高。指导教师不仅要树立终身学习的理念，不断补充自己的专业知识，还要不断加强自身的学术道德素养，增强自身的责任感。

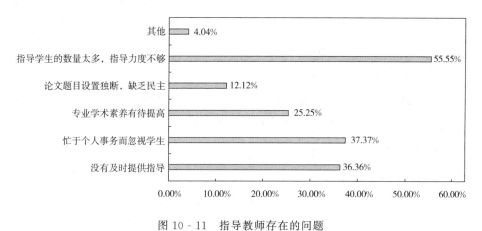

图 10 - 11　指导教师存在的问题

第三节　应用型本科高校师范生毕业论文指导与教学改进建议

虽然近几年来毕业论文质量下滑，但并不能因其存在的问题而否定其存在的价值。从实质上来讲，应从毕业论文实施环节中产生问题的原因出发寻求解决之道。

一、提高毕业论文认知，加强思想观念教育

本科毕业论文是本科教育的最后一个环节。无论是评价学生的学术水平，还是改进教师教育专业所存在的不足，本科毕业论文都是至关重要的。虽然近年来毕业论文抄袭成风使其失去了应有的价值，许多研究者也提出了废除毕业论文的提议，甚至引发了学术界关于毕业论文存废的争论，但是并不能因其有问题而将其废除。无论是学生、教师，还是学校管理者，都应认识到毕业论文的重要性，不断加强思想观念教育。

（一）认识毕业论文的重要性

无论是教师，还是学生，都应认识到毕业论文至关重要的作用，都应明白毕业论文是检验本科教育成果的试金石。本科毕业论文既是对学生本科四年学习能力、学习成果的检验，又是对指导教师自身学术水平的检验。[①] 毕业论文质量在某种程度上反映了教育培养的质量。

（二）加强思想观念教育

为加强思想观念上的认知，高校应开展毕业论文教育宣传。教育的对象不仅要包括即将毕业的大四年级学生，还要包括刚入学的新生。

对于刚入学的新生，高校不仅可以对其开展各种教育宣传，如各专业制定符合本专业的毕业论文写作规范手册、悬挂一些论文写作要求条例等，以使其对毕业论文有一定的了解，还可以把毕业论文的相关要求纳入入学教育，使学生在进行入学教育的时候就对毕业论文有一定的思想认知。

对于即将毕业的大四年级学生，高校应召开毕业生动员大会，开展校园网络、展示栏等形式的毕业论文宣传活动，以使其在思想观念上端正自己的态度，充分认识毕业论文的重要性。学校要开展各种宣传活动，学院、指导教师也要对学生毕业论文进行相关宣传与教育，以此加强学生毕业论文思想认知。

二、优化毕业论文选题策略，转变选题指导理念

俗话说："好的开头等于成功的一半。"对于毕业论文的撰写而言，选题就相当于其开始。选题关系着毕业论文研究的成败。由此可见，选题对毕业论文的撰写具有关键作用。

（一）转变选题指导理念

选题指导应由单向选择转变为双向选择。通过分析 196 篇毕业论文，本研究发现，学生毕业论文的选题与其导师的研究课题领域存在一定程度的关联。因此，学生可以根据指导教师课题研究的方向是否与自己的选题有关来

---

① 刘国华，张伟东. 提高法学专业本科毕业论文质量的路径研究［J］黑龙江高教研究，2014（5）：158-160.

选择导师。同时，高校可以实行"双导师"的理念，不仅可以委派导师指导学生的毕业论文选题，还可以邀请实习学校的指导教师协助学生进行毕业论文选题。

（二）优化选题策略

选题策略，即选题的方法。方法引导行为，因此，毕业论文写作要优化选题策略。具体可以从以下几个方面进行：第一，选择自己感兴趣的课题。"兴趣是最好的老师"，只有自己喜欢，学生才会有动力去探索和研究所选的课题。第二，联系自己所学的专业。教育专业基础知识是从事教育研究的基本前提，学生只有选择自己所学专业的熟悉内容，才能够发挥自己的长处，完成毕业论文撰写。第三，依据自身的实际情况，通过结合实践性训练和积累相关课题文献资料来进行研究，既要选择本研究领域较为前沿的选题，又要避免选题相似的情况，还要尽量使选题有一定的创新性。

（三）改变选题时间

学生需要较长时间去发现问题、确定课题，因此，选题时间应当进行适当的改变。调查显示，33.33％的学生认为大三下学期选题合适，31.31％的学生认为大四上学期选题合适。在毕业论文选题时间上，高校应当进行适当的变动。毕竟要想毕业论文选题合适、有价值，就应适当延长选题时间。因此，最好能从大三开始让学生关注自己研究课题相关领域的发展概况，给学生足够的时间去发现问题，为自己的课题研究提供更多思考时间。

三、完善文献资料建设，提供有效资源保障

文献资料的收集和使用贯串毕业论文研究的整个过程，它是撰写毕业论文的基础。只有搜集大量的文献资料，并对这些文献资料进行深度的剖析，学生才能够挖掘到更深入的、更全面的专业知识，才能产生更有创意的想法，才能写出更有新意的毕业论文，形成的观点才能具有自己独特的见解。学生获取文献信息量的多少，在一定程度上影响其毕业论文的深度和广度。因此，高校应该完善文献资料建设，为学生撰写毕业论文提供有力的资源保障。

文献资料建设方面，最为重要的是对高校图书馆进行管理。如前文所述，学生撰写毕业论文获取文献资料的主要方式是到学校图书馆查阅资料、到网

络上进行搜索。图书馆是高校的信息聚集之地，因而应积极协助高校的毕业论文相关科研教学工作，有效整合各种资源，以便为学生提供更科学、更专业的知识或信息，从而有效地化解资源与学生之间的不平衡，进一步完善资料建设。学生只有掌握课题研究领域的前沿动态，才能为自己的选题提供切实可行的研究思路、研究方法。

为了能给学生撰写毕业论文提供有力的资源保障，高校还应加强图书馆硬件设施和软件的建设。调查发现，在撰写毕业论文时，学生既不能保证所查阅的参考文献的数量，又不能保证质量，这对完成毕业论文撰写工作非常不利。同时，可以看出高校图书馆所做的工作并不完善。因此，高校图书馆应继续加大对图书、期刊、学术平台等方面的投入，加快资源建设，完善服务体系，为开展学术研究提供物质基础，拓宽学生撰写毕业论文的文献阅读渠道。

四、加强科研课程建设，着力强化科研训练

如前文所述，科研方法类课程建设较为滞后，专门课程很少，因而难以满足学生撰写毕业论文的需要。针对此问题，高校应加强科研方法类课程建设，强化本科生对科学研究基本原理、研究方法知识体系的了解，提高本科生对毕业论文研究方法的认知。

（一）完善相关科研方法类课程建设

学校应在课程设置上形成相应的体系，如为教师教育专业开设"专业研究方法""毕业论文写作与指导""科研方法训练"等课程。"专业研究方法"可以帮助学生了解研究的一般过程和学习具体的研究方法；"毕业论文写作与指导"可以帮助学生认识写作规范，了解毕业论文具体写作要求，促进学生写作水平的提高；"科研方法训练"可以从资料检索搜集、撰写文献综述、开展课题研究、统计方法掌握等内容入手，通过正式的学术写作训练，有效地提高学生的科学研究能力。① 这些课程不应只面向大四学生，还应面向大二和大三的学生。

---

① 钱兵.本科生毕业论文存在的问题分析及改进策略［J］.江苏高教，2017（10）：60-63.

（二）着力强化科研方法训练

学校不仅要加强建设科研方法类课程，还要做到将理论知识与实践训练结合起来。为了保证学生能够真正有所收获，高校必须转变任课教师的教学方式，教师既不能进行传统的"填鸭式"教学，又不能照本宣科，而应重视对学生科研能力的培养。在教学过程中，教师应注意强化学生应用科研方法的能力，应将理论知识学习与实际训练应用相结合，着力培养学生的科研实践能力。

五、营造良好学术氛围，强化道德诚信培养

良好的学术氛围对学生的科学研究能力具有潜移默化的影响，对学生撰写毕业论文有很大的帮助。

（一）开展各种科研活动

为了营造良好的学术氛围，高校既可以让感兴趣的学生在大二、大三年级就加入教师的科研课题组，又可以为学生设置科研基金，鼓励学生自己立项、申请经费开展科研，还可以组织科研大赛、创新大赛，以使学生从刚开始就受到浓厚学术氛围的熏陶，从而激发想象力和创造力，并从这些活动中学会思考和探索。[①] 在开展此类活动时，高校要加大相关科研活动的宣传力度，鼓励各个年级的学生参与。在参与活动的过程中，学生不仅能感受到专业的学术研究氛围，还会遇到一些以前不曾遇到的问题，这将促使学生主动查阅文献资料、寻找解决问题的方案。由此，学生不仅在参与活动过程中锻炼了科研能力，还提升了综合素养。

（二）加强学术诚信教育

关于学生学术道德品质的问题，高校可以通过开展相关的课程来对学生进行学术诚信教育，加强学生学术道德规范的意识，从而提高其学术道德素质。如前文所述，42.42％的学生认为毕业论文抄袭是普遍现象，这表明当前大学生学术道德规范缺失，因而必须增强其道德诚信意识。高校还可以利用专家讲座的形式，帮助学生更好地认识毕业论文的写作基本规范，促使其增

---

① 黄萍. 本科毕业论文（设计）质量滑坡的原因及对策 ［J］. 理工高教研究，2004（4）：96-97.

强诚信道德意识。同时，高校可以在开展毕业论文撰写工作之前，请每位毕业生签署"毕业论文道德规范文件"。这样一来，高校不仅可以用专家的威信震慑学生，还可以用学校的相关规定约束学生。

六、加强师资队伍建设，提高指导教师水平

在毕业论文撰写的过程中，指导教师起着至关重要的作用，其专业水平直接影响着毕业论文的写作质量。由此可看出，指导教师必须具有系统的专业知识和丰富的实践经验。因此，加强毕业论文指导教师队伍建设也是尤为重要的。

（一）减少指导教师的工作量

调查发现，学生数量太多、指导工作压力太大等是指导教师指导力度不够的原因。因此，高校管理部门应根据实际情况，合理安排教师的工作量。对于学生人数较多的专业，高校可以采用增加外聘教师、返聘退休教师的方式来扩大指导教师队伍，以便减少指导教师个人的工作量。此外，高校要让教师在保质保量完成日常教学任务和毕业论文指导工作的同时，有多余的时间来提高自己其他方面的能力。

（二）加大青年教师培养力度

高校要鼓励并支持青年教师申报课题或参与课题研究，不断提高专业水平和科研能力，并对科研成果突出的青年教师给予相应的奖励，如颁发突出青年教师证书、授予优秀青年教师称号等。高校可以通过设置激励机制来进一步加强青年教师的科研能力，从而为学生毕业论文的撰写提供保障。

（三）教师端正自身的态度

指导教师应该端正自身的态度，对自己的工作负责。在对教师进行评奖、评优、评职称的过程中，高校不能仅看教师自身的科研水平和科研成果，还应关注其指导的学生的论文质量。

（四）加强教师道德修养和指导能力建设

指导教师是本科生毕业论文质量提升的关键因素。一名合格的指导教师应当具备良好的道德修养和较强的指导能力。实事求是地讲，不是每名教师

都有指导毕业论文的能力。因此，在筛选毕业论文指导教师时，高校应按照遴选标准，对教师的学术素养、责任心、指导能力和师德修养等进行严格的综合考评。同时，高校要加强师德师风建设，引导教师在指导、培养学生的过程中时刻严格要求自己。此外，高校还要加强对教师指导能力的培训，以引导教师不断学习，从而帮助学生选题与进行研究设计、完善和实施研究方案、统计处理研究数据和撰写论文。

七、建立监督奖励机制，强化过程制度管理

撰写毕业论文是一个漫长的过程，包括选题、文献检索与综述、研究设计与开题、资料搜集与分析、初稿撰写等诸多环节。因此，高校必须加强对毕业论文整个过程的制度管理，并建立一套符合自己专业发展水平的、科学有效的本科毕业论文监督激励机制，以切实提高毕业论文的质量。

（一）制定"双向监督"制度

高校管理部门应该制定"双向监督"制度，也就是说，既可以是指导教师对学生撰写毕业论文进行监督，又可以是学生对指导教师毕业论文指导工作进行监督。高校管理部门还需要明确被举报的后果。如果发现学生有抄袭、代写等情况，高校则可根据情节轻重给予相应惩罚，如二次答辩、取消答辩资格等；如果指导教师被学生举报有指导态度、指导次数等方面的问题，高校则可以根据情节轻重对该名教师进行处罚，如警告、取消指导资格等。

（二）构建考评奖励机制

高校管理部门可以建立考评奖励机制，包括对学生优秀毕业论文的奖励和对教师有效指导的奖励。学生必须严格按照毕业论文写作要求，独立完成毕业论文。学校管理部门应严格考评学生毕业论文的抄袭情况，以尽量减少或杜绝学生抄袭。指导教师应该在指导过程中做好自己的本职工作，记录指导对象、指导日期、指导内容和指导方式，并将其装订成册，与毕业论文一起交予系办。[①] 高校可以将其作为一种考评教师的方式，如对负责的指导教师

---

① 张欣. 高校本科毕业论文质量提升的思考 [J]. 内蒙古师范大学学报（教育科学版），2013，26（3）：99-101，129.

进行表扬，在教师职称评定或者工资待遇上给予相应的奖励，等等。

(三) 加强论文全环节管理

毕业论文写作包括选题、文献综述、设计研究方法、开题答辩等环节。对毕业论文各环节的管理直接影响着其整体的质量，因此，学校应加强对毕业论文各环节的管理。从选题环节来看，高校应将选题来源作为管理的重点。课题的选择要与生活实际紧密结合，要有实际的意义等。从文献综述环节来看，学生既要对课题相关领域的整体状况和最新进展做简要论述，又要表述自己的观点。从设计研究方法环节来看，研究方法需要符合课题研究内容，并有效地体现在毕业论文中。从开题答辩环节来看，学校应着重考查学生的研究成果和学术道德规范。依据毕业论文写作的各个环节，高校可以相应地设置一定的制度，如毕业论文指导制度、毕业论文答辩制度、毕业论文评价制度等。有条件的高校还可以为学生制定一整套有关毕业论文写作各环节制度管理的文件，以形成制度管理体系，并提高毕业论文过程管理的系统性、制度性，从而更好地提高本科生毕业论文的写作质量。

第十一章　应用型本科高校师范生
深度实践教学研究

第一节　深度实践教学的内涵诠释

"深度实践教学"源于"深度教学",是相对于表面化、低质化、同质化的实践教学而言的。深度实践教学是教师在准确把握知识本质的基础上,通过引发学生情感和独立思考、促进学生自主学习和真正理解,进而实现学生全面发展的一种实践教学样态。教与学具有一体化关系,因而深度实践教学依赖于深度实践活动的实现。

深度实践教学不仅注重知识技能的应用训练,还重视对学生情感的触动,对学生思维品质的提升。其本质特征在于彰显学生的主体地位,促进学生的全面发展。

深度实践教学应体现实践的本质。马克思主义实践观认为,实践是人能动地改造物质世界的对象性活动。在改造世界的同时,人改造着自身。可见,在进行实践教学活动时,学生应具有工具理性与人格理性。从工具理性维度看,学生可以通过实践活动完成对世界的专业化改造,即进行专业化实践。从人格理性维度看,通过实践活动,学生应发挥自身实践潜能,实现实践思维与实践行为的自我超越。具有高挑战性的创新性实践是实现这种自我超越的主要途径。为推进实践活动的深入开展,实践个体应保证自己实践动机的纯正,即进行沉浸性实践。从这个角度看,实践活动还应具有价值理性。从上述分析看,深度实践教学活动蕴含工具理性、人格理性、价值理性,而教师是否引导和帮助学生进行专业化实践、创新性实践、沉浸性实践是审视深度实践教学的三大尺度。

一、深度实践教学引导学生利用深层动机进行沉浸式实践

（一）深度实践教学的发生依赖于对学生深层实践动机的激发

在实践教学领域，深层动机决定了深度实践的发生。因此，在深度实践教学中，教师应激发学生的深层实践动机。第一，帮助学生建立对实践意义的正确认识，使学生认识到实践不是价值中立的工具性活动，而是一种关于人的存在方式和发展规律的价值性活动，[①] 即帮助他们认识到实践活动既具有获得实践能力、为今后的工作做准备等工具性的意义，又具有提升自我价值的人格性意义。第二，通过多样的方式激发学生的实践兴趣，使学生在学习中视学习为志业，从而使其以积极、投入、自觉的心理状态投入实践。在将实践活动定位为基于"自身"价值性、人格性的活动，并采取灵活多样的教学方式后，学生就有投入实践的意愿。即使在实践中遇到困难，他们也愿意接受挑战，继续深入实践。

（二）深度实践教学引导学生进行沉浸式实践

深度实践教学倡导一种自发、自觉、自律的实践，这种实践是学生自愿进行的长期、持续、高投入的沉浸式实践。在沉浸式实践中，学生会"想做""愿做"并长期投身于实践活动或知识实践性应用的具体情境中。在设计与安排上，深度实践教学强化了实践活动的长期性、实践活动过程的持续性。深度实践教学通过帮助学生持续进行沉浸式实践，还原了知识应用的实践场景，不仅让学生获得了积极的心理品质、提升了实践技能，而且使其认知结构与专业素养逐渐得到了提升。

二、深度实践教学帮助学生基于知识深度加工进行专业化实践

深度实践教学是具有鲜明理论性特点的专业化教育。因此，深度实践教学必须深化实践与理论的关联，并以知识深度加工为基础。

（一）深度实践教学指导学生基于知识深度加工进行实践活动

在实践教学中，理论知识与实践密不可分。然而，并不是只要具有理论知识，就一定可以指导自身实践。知识内容或结构性要素并不能支撑起深度

---

① 蒋晓东．马克思实践概念诠释的多重维度：新世纪我国马克思哲学实践概念研究述评 [J]．湖南社会科学，2014（6）：28-32．

教学或深度学习的发生，而是依赖个人与知识的交互过程，要通过灵活运用所学知识、技能与态度来解决问题。[①]但是，深度实践教学并不意味着让学生将知识的学习与实践活动进行简单叠加，而是以二者融合为目的，通过有层次、有步骤的教学设计，帮助学生审视、思考实践任务与理论知识的联系，重新编码自己已经贮存的信息并将其与实践任务相联系，之后再利用这种内化的理论知识进行专业化实践。

（二）深度实践教学引导学生进行专业化实践

专业教育产出的一般是理论与实践素养兼备、具备专业文化和气质的专业人员，职业教育产出的则一般是实践技能突出的普通职业人士。[②]实践教学应让学生通过调动自身智力、经验、智慧来完成具有较高难度的实践任务，而不应以帮助学生获取简单的、操作性的职业技能为目的。因此，在专业化实践层面，深度实践教学应帮助学生了解实践活动与理论的关联，即实践专业知识、积累专业经验、涵养专业智慧、强化专业文化认同，以使学生不仅能在专业化实践中提升自身的工作能力，还能获得专业情感。

三、深度实践教学推动学生运用高阶能力进行创新性实践

在帮助学生沉浸于实践的同时，深度实践教学推进了学生实践活动的进一步深化，使学生能够运用高阶能力进行实践创新。

（一）深度实践教学促进学生运用高阶能力

实践是身心一体的活动，深度实践教学帮助学生运用自身的高阶思维、高阶行动能力来进行深度实践。学习科学领域的研究者认为，高阶思维包括批判性思维、反思性思维与创新性思维。[③]高阶行动能力则主要包括团队协作能力、自我行动调控能力等。深度实践教学不仅要使学生理解并掌握实践活动的常规运作方式，还要使他们学会通过团队沟通与协作等方式对自身或他人的实践活动进行批判与反思，帮助其重构自身的实践认知图式，从而为创新性解决方案的提出与实践活动的深入开展打下基础。

①　张良. 深度教学"深"在哪里?：从知识结构走向知识运用［J］. 课程·教材·教法，2019，39（7）：34-39，13.

②　王军. 论作为专业教育的教师教育：内涵、特征与路径［J］. 教师教育研究，2019，31（4）：7-15.

③　张诗雅. 致力于素养培育的深度学习：理念与模式［J］. 课程·教材·教法，2018，38（3）：68-73.

（二）深度实践教学推动学生进行创新性实践

当高阶能力介入实践学习时，学生对实践基本策略与方法的理解就超越了其在同化学习阶段的认知。同时，在实践的技巧与策略的掌握与运用方面，学生超越了机械学习、模仿学习阶段的认知。这使得他们在解决问题时不局限于常规的实践方案，更能结合所遇到的实践情境及自身实践能力扩展实践方式、改进实践方案。同时，他们在实践样态、实践结果上，实现了个人实践意义上的创新，甚至是人类实践意义上的创新。因此，高校不应对学生的实践活动进行太多的限制，而应鼓励并推动，以实现学生实践成就与个人实践潜能的最大化。

综上所述，深度实践教学是为了避免表面化、低质化、同质化的实践教学而提出，基于实践活动本质，在工具理性、价值理性和人格理性维度下由多种要素构成和支撑的一种实践教学样态。它不仅是实践教学从现实发展水平向理想发展水平跨越的一种教学境界，而且是引导和帮助学生深入沉浸实践并基于高深知识与高阶能力开展专业化、创新性实践活动的一种教学形态。具体来讲，在教师引导和帮助下，学生的沉浸式实践是深度实践教学的基础和推动力量，专业化实践是深度实践教学的主要形式，创新性实践则是实践教学的最高追求。

第二节 应用型本科高校实践
教学的现实困境

实践教学应基于实践的工具理性、价值理性与人格理性维度而展开，但当前的实践教学多从单一的工具理性维度出发来进行设计与实施，因而普遍存在表层化与形式化的问题。

一、对深层动机激发不足，导致学生难以真正沉浸式实践

学生对参与实践活动有积极的动机，这有利于其在实践活动中持续投入，从而不断提高实践水平。然而，当下的实践教学在唤起学生的学习动机，特别是在激发内部动机、唤起实践兴趣、满足实践心理需要等方面仍存在不足，从而导致学生难以真正沉浸式实践。

（一）对外部动机的强化导致学生虚假沉浸

实践教学既有工具性意义，又有价值性、人格性意义。不少高校在向应用型高校转型的过程中，将实践教学简单定义为针对学生毕业或就业而进行的教学，无视了实践教学对于学生自我完善与发展的价值和意义。在此导向下，学生为了获得一纸证书或得到一份工作而被动实践，其实践动机仅是外部的。这样的外部动机无法真正唤起学生的实践兴趣与实践动力，致使消极应付成为学生实践的常态。这使得学生在克服困难、完成实践后，难以发现自我价值，难以获得满足感。如此一来，学生即使投入了时间，也难以掩盖实质上的虚假沉浸。

（二）对内部动机的抑制阻碍了学生持续沉浸式实践

深度实践动机是深度实践的基础，可以通过实践本身来塑造。在当前的实践教学中，有两种情况抑制了学生的实践动机，进而阻碍了其沉浸式实践。

第一，学生虚假沉浸，导致实践活动总体质量低下，而这在学习评价上却难以得到体现。人为"放水"、降低实践要求以使学生全部"实践达标"的做法弱化了实践的价值与意义，从而压制了学生持续深入实践以提升自身实践能力的内部学习动机。

第二，短期、集中，甚至是一次性的实践活动较多，而实践能力的养成不是一蹴而就的。低质量的实践活动造成了学生学业成就期待的落空。这不仅会抑制学生的内部学习动机，而且会阻碍其持续实践的积极性。

二、对学生知识深度加工引导不足，阻碍了实践活动的专业化

实践教学追求拟真或真实的工作场景，工作实际问题的复杂多样决定了不能单纯靠感觉或有限的经验去解决这些问题。因此，高校的实践教学不仅应从职业需要出发进行设计，还应依据专业需要设计各种教学活动。然而，当下的实践教学中对学生实践活动所需知识的深度加工引导不足，阻碍了实践活动的专业化。

（一）对理论知识介入实践引导不足，导致难以实现深度加工

理论教学的一大弱点是缺乏必要的、真实的实践情境，而实践教学刚好能弥补这一缺陷。不少学校利用实践基地，引入行业一线人员来进行专业实践教学。这些来自一线的实践指导教师经验丰富、肯于指导，但其指导方式

多为单向的情境示范与经验性讲解。在行业权威的示范下，学生更多地学习了基于个人经验的实践性知识。然而，专业化实践蕴含的"知识"范畴不应被窄化为实践性知识，而应体现为与实践相联系的理论知识。但是，行业一线指导教师较少引导学生从多样的实践现象中跳脱出来，站在理论的高度思考实践问题，从而使得学生既难以自主地结合具体实践情境完成对理论知识的提取、重组等深度加工，也无法获得将普遍规则应用于具体生活情境的实践智慧，更难以深入探寻实践的本质。如此一来，实践活动便成为表面化的实践。

（二）对技能训练的强化导致实践活动缺乏专业性

实践教学作为专业教育组成部分，致力于培养学生的实践智慧及解决复杂实践问题的能力。但是，很多教师将实践教学简化为指向动手操作的技能训练。这是因为，事实性的、技能性的知识通常不需要进行深度学习[①]。然而，这些技能训练不以解决复杂实践问题为目标，因而缺少以理论知识为支撑的脑力活动参与，不具有深刻性和专业性。可以说，对技能训练的强化使得实践教学没有为学生搭建从事复杂实践活动的平台，这使得实践教学成为专业的流水线型的职业训练。在此过程中，学生难以准确地把握专业文化，从而导致实践教学难以达到其应有的深度。这不仅意味着实践教学在方向上发生了教学偏误，致使深度实践教学无法得以实现，还意味着高校放弃了专业教育的使命。

三、对高阶能力的抑制限制了实践创新

现阶段的实践教学多基于工业化时代的职业或就业需要进行设计，追求实践活动的模式化、程序化、规范化，使得实践教学在无意中既抑制了实践者的高阶实践能力，也忽视了对实践创新的培育与扶植。这不仅不利于实践教学的深度发展，还无法满足即将到来的后工业化时代对实践者的创新能力要求。

（一）训练—指导式的教学方式抑制了高阶能力的运用

当下的实践教学常常体现为教师单向主导实施的追求"规范"的训练。

---

① 郭华. 深度学习与课堂教学改进［J］. 基础教育课程，2019（2）：10-15.

在这种训练体系下，学生进行实践活动的时间、任务量、程序、步骤被"科学"地进行了"规范"。这固然在一定程度上保证了人才的培养质量与规格，但正如怀特海所说："人们所需要的优秀的技术素质只能通过一种训练来获得，而这种训练却常常破坏了那些本应指导专门技艺的大脑的活力。"① 这种教师主导和"规范"的实践教学抑制了学生的思维活力，特别是抑制了学生对批判思维、元认知策略等高阶思维的运用，致使学生失去了思维上的自我认知以及行动上自我调控的能力。然而，多数实践教学指导教师并不知道自己抑制了学生的实践高阶能力运用。因此，他们越努力地对学生进行规训，越使学生的高阶实践能力受到抑制。

（二）对批判能力的抑制导致模仿性实践大行其道

从这种追求"规范"的训练中可以发现，多数实践指导教师并不具备引导学生进行创新性实践的意识。在他们心中，能够让学生像"常规"那样做或像范例那样做就是实践教学的最高追求。这主要体现为，在直接或间接的实践示范中缺少创新性范例；在教学中，注重对模仿"常规"范例的鼓励而忽视对实践创新的鼓励；未利用学习评价对创新性实践做有效引导。从评价内容与评价方式看，他们仅以"模仿得像不像"为评价学生实践活动的尺度，而对学生在实践规划与"演练"的过程中是否实现了个人或社会意义上的实践创新缺少总结性评价和过程性评价。

第三节　应用型本科高校实践教学的深度建构策略

实践教学陷入深度困境的实质是单一工具性实践教育理念与包含人文性的实践教育理念之间的矛盾和冲突，这也是功利主义的浅近教学与追求内涵发展的深度教学之间的矛盾和冲突。为化解困境、促进高校实践教学从现实发展水平向理想发展水平跨越，现提出以下三个应对策略。

---

① 怀特海. 教育的目的［M］. 徐汝舟，译. 北京：生活·读书·新知三联书店，2002：143.

一、促进实践价值理解，优化教学设计与实施，推进沉浸式实践

面对实践教学中学生因深层动机而难以沉浸实践的困境，深度实践教学应以价值理性维度为出发点，全面增强学生的实践动机，推进沉浸式实践。

（一）促进实践价值理解，全面激发实践动机

学生对自身从事实践活动的价值理解得越全面，就越能够形成深度的实践动机，越能够进行沉浸式实践。促使学生全面理解实践教学的价值要经历如下过程：首先，全面确定价值。重申实践教学的价值理性与人格理性，走出片面强调实践教学工具理性的误区。其次，正确理解价值。通过制定方案、组织培训、理念渗透等方式，从高校教学管理者到教师、学生，自上而下地全面理解实践教学中实践活动的价值，避免将外在功利目的作为激励学生实践的唯一手段。最后，深入感受价值。在开展一段时间的实践活动后，组织学生开展自我反思，以使其能够感受自身的实践学业成就，发现实践教学对自我认知、自我实现与自我发展的意义与价值，全面提升实践动机，为沉浸式实践奠定心理基础。

（二）优化教学设计与实施，推进沉浸式实践

实践能力的养成不是一蹴而就的。为推进学生的沉浸性实践，在整体设计上，实践教学不仅要坚持加大实践教学的比重与学时，还要以推进学生长期的、反复的、经常性的训练为教学设计原则，尽量避免安排形式化的、短期或一次性的实践活动。在教学实施中，为保证学生的实践学时，不仅要避免将教师教学的课时混同于学生实践学习的学时，还要采取如下方式有效地提高学生的实践投入度：以学生提供实践活动录像的方式代替学生在课上的依次展示；增加学生在课下进行自主实践的学时，并将其作为学时补充；依托院系支持和校企合作来适当地增加实践指导教师的数量；在不同的实践场地，通过"小组实践活动—组内互评互助—教师巡视重点指导"来增加学生的参与度及活动投入力度；保证实践教学的时长与质量；等等。

二、加强理论介入，细化项目训练，深化专业性实践

针对学生在实践活动中缺乏知识深度加工、专业性实践不足的困境，高校的实践教学应加强理论介入，细化项目训练，以强化学生实践的专业性。

（一）加强理论介入，有效引导深度加工

在引导学生专业性实践的过程中，高校教师要与来自一线的实践指导教师互相学习、通力合作，通过问题驱动引导学生在具体情境中对理论知识进行深度加工。在实践前，由高校教师明确本次实践任务可能运用到的理论，明确哪些理论与专业实践策略有助于学生解决本次实践任务中可能遇到的困难，以唤起其对实践困难的"集中注意"。在实践中，高校教师与行业一线教师要注意观察学生的实践情况，在合适的时间针对学生理论、策略、技能的运用做出指导或给出建议。在实践结束后，高校教师应组织学生进行"刺激编码"，即引导学生结合个人情况进行总结与反思，并从情境呈现、实践困难、所用知识、专业实践策略、专业实践行为等角度对本次实践遇到的问题进行分类整理；行业一线教师则应结合一线生产或工作情况给予学生补充建议，从而帮助他们在将理论知识内化的同时，将理论知识外显化、直接化、个人化、操作化，以便他们在今后的实践中有效提取与运用这些信息。

（二）细化项目训练，深化专业性实践

实践教学要在实践任务设置上，以基本技能训练为基础，结合工作岗位，逐渐提高实践活动的任务难度，形成以技能训练—项目任务训练—综合实践训练为内容的具有难度层次的实践课程体系。为促进理论与实践的深度结合，特别是在第二个环节，即项目任务训练中，要以本专业可实践的理论为立足点，细化专业实践训练项目，进一步深化专业性实践。以教师教育为例，除了实践某项技能外，还可以实践教学原理、教学理念、教学方法等，而不是笼统地让学生进行课内教学实训、校内教学实训等看似不同要求的实践模块。

三、立足主体性教育，创建实践共同体，指导实践活动创新

针对基于高阶能力的创新性实践培育不足的困境，深度实践教学应立足主体性教育，采取多种手段引导学生运用高阶能力，发挥自身实践潜能，从而通过创新性实践，最大化地实现实践主体——人的本质力量。

（一）创建实践共同体，助力高阶能力运用

为化解训练—指导式教学方式抑制学生高阶能力发展的困境，要提升学生的实践主体地位，使学生和实践指导教师的关系从隶属关系变为平等的学习型伙伴关系；要建立教师、专家、学生共同组成的实践共同体，借助共同体的活动助力学生高阶能力的运用与养成。在这个共同体中，教师、专家是学生进行高阶实践活动的支援者，他们通过了解学生对某项实践活动程序、方式、方法的批判、反思与讨论，帮助他们获得对实践整体结构及其内在固有逻辑的复杂认知，从而帮助学生实现思维的自我革新与思维的高阶发展。共同体成员还应给予学生及时、持续的反馈，以便通过在变化的情境中的练习和反馈，加深学生对规则或原理适用的情境的认识，[①] 并在这种知识深度应用的基础上通过交互性实践，使其掌握自我调节、自我纠正、与人合作等高阶行动能力。

（二）提升培育意识，指导实践创新

在通过上述活动提升高阶能力后，学生就具备了创新性实践能力。然而，学生能否创新实践，还取决于教师能否有意识地引导学生创新性实践。高校要根据本校的定位明确学生实践创新的引导方向：一流研究型大学应鼓励学生在实践活动中进行新知识、新理论和新技术的发明；地方应用型大学应鼓励学生在日常工作情境中发展想象力、原创力。[②] 对教师而言，首先是基于平等的师生关系，给予学生自主实践和多样实践的权利；其次是做好直接或间接的创新示范，强化学生的创新实践意识；再次是鼓励学生结合个人理解的实践智慧，运用高阶能力努力进行实践创新；最后是有效利用学习评价引导

---

① 刘君玲，许爱红，王坦. 论"六步三段两分支"教学过程模型［J］. 四川师范大学学报（社会科学版），2015，42（6）：70-77.

② 高绣叶. 从精英主义到大众主义：创新型人才培养的话语实践转向［J］. 当代教育科学，2019（10）：18-21.

学生实践创新。

　　总之，追求实践教学的深度是提升实践教学质量的必经之路。深度实践教学应基于对单一工具理性维度的教学纠偏，有效引导学生沉浸式实践，帮助学生高质量地完成专业化实践，直至达到创新性实践。深度实践教学也是一种动态发展的教学，"深度"没有终点，它依靠教育者的不断探索来使实践教学在提升人才培养质量方面起到应有的作用。

参考文献

［1］李伟. 实践范式转换与实践教学改革［M］. 北京：教育科学出版社，2010.

［2］哈贝马斯. 交往行为理论：第 1 卷 行为合理性与社会合理化［M］. 曹卫东，译. 上海：上海人民出版社，2004.

［3］杜威. 杜威教育论著选［M］. 赵祥麟，王承绪，译. 上海：华东师范大学出版社，1981.

［4］陶行知. 陶行知全集：第 1 卷［M］. 长沙：湖南教育出版社，1984.

［5］中共中央马克思 恩格斯 列宁 斯大林著作编译局. 1844 年经济学哲学手稿［M］. 北京：人民出版社，2018.

［6］张伟胜. 实践理性论［M］. 杭州：浙江大学出版社，2005.

［7］王炳书. 实践理性论［M］. 武汉：武汉大学出版社，2002.

［8］杨善华，谢中立. 西方社会学理论：下卷［M］. 北京：北京大学出版社，2006.

［9］施良方. 学习论［M］. 北京：人民教育出版社，2008.

［10］伊列雷斯. 我们如何学习：全视角学习理论［M］. 孙玫璐，译. 北京：教育科学出版社，2014.

［11］怀特海. 教育的目的［M］. 徐汝舟，译. 北京：生活·读书·新知三联书店，2002.

［12］赵国平. 论实践教学与理论教学的关系［J］. 中国成人教育，2010（17）：127-128.

［13］甄阜铭. 理论教学与实践教学的同构关系［J］. 现代教育科学，2011（9）：79-80.

［14］张英彦. 论实践教学的理论基础［J］. 教育科学，2006（4）：34-36.

［15］高宏. "对话"视野下的课程理解及其内在实践理性［J］. 中国教育学刊，2016（9）：57-61，75.

［16］徐继存. 实践教学的理性［J］. 山东师范大学学报（社会科学版），2020，65（3）：64-71.

［17］张英彦. 论高校实践教学目标［J］. 教育研究，2006（5）：46-49，58.

［18］洪汉鼎. 论实践智慧［J］. 北京社会科学，1997（3）：4-12.

［19］童汝根，谭洁，王红. 行动者网络视域下教师教育人才协同培养路径探讨［J］. 广东第二师范学院学报，2021，41（2）：41-49.

［20］罗曼. 复杂性理论视域下 U-G-S 教师教育共同体的构建：基于教师教育创新实验区建设的实践与思考［J］. 高教学刊，2020（12）：21-24.

［21］朱桂琴. 论教师职前实践教学共同体的发展趋向及建构［J］. 国家教育行政学院学报，2016（11）：76-81.

［22］朱桂琴. 核心素养视域下的师范生实践教学变革：方向、困境与路径［J］. 教育发展研究，2017，37（12）：46-51.

［23］莫燚，苏安，覃奠仁. 地方高校师范专业实践教学质量反馈调控机制构建研究［J］. 教育教学论坛，2020（41）：1-3.

［24］沈忠华. 师范生实践教学标准构建与质量评价研究［J］. 湖南师范大学教育科学学报，2019，18（3）：111-117.

［25］时伟. 高师院校实践教学体系的生成与运行［J］. 教师教育研究，2012，24（5）：1-6.

［26］杨登伟，费亚楠. 新课改理念下师范生执教能力提升策略研究［J］. 现代教育科学，2014（5）：130-133.

［27］李亚飞，何慧星. 基于利益相关者视角的高校师范生教育实习基地建设［J］. 煤炭高等教育，2014，32（1）：104-109.

［28］吕文丽. 教育实习：教师成长的重要一环［J］. 中国民族教育，2010（4）：16-18.

［29］尚国营. 高师院校"顶岗实习"的瓶颈及思考［J］. 黑龙江高教研究，2012，30（2）：56-58.

［30］单嵩麟. 就业导向与大学生职业资格证书制度［J］. 职业技术教育，2004，25（4）：23-24.

［31］杨文斌，吴福根，何汉武. 校企共建实践教学基地的路径探析［J］. 实验室研究与探索，2014，33（7）：201-204.

［32］张育广，王新伟. 大学生社会实践的组织管理与运行机制研究［J］.

内蒙古师范大学学报（教育科学版），2013，26（11）：31-33.

［33］李杰. 大学生社会实践创新研究［D］. 重庆：重庆理工大学，2013.

［34］邸少华. 大学生社会实践存在的问题与对策［J］. 新西部（理论版），2014（2）：95，101.

［35］赵晓阳，刘金兰. 学生参与度评价：一种学生主体的教育质量评价方法［J］. 高教探索，2012（6）：21-26.

［36］白云莉，巨玲玲，康玮玮. 美国高校服务学习与我国大学生社会实践比较研究［J］. 才智，2017（27）：213.

［37］聂法良. 大学生大众化社会实践调查研究［J］. 国家教育行政学院学报，2013（7）：38-42.

［38］戴涵莘. 高职院校"双创型"人才培养体系的探索［J］. 教育与职业，2012（8）：97-98.

［39］杨岗，陈兰萍. 深化大学社会实践教育［J］. 教育与职业，2008（11）：163-165.

［40］蒋晓虹. 论创新人才的素质特征及其成长环境［J］. 苏州大学学报（哲学社会科学版），2010，31（4）：174-178.

［41］张权，付文龙. 高校实践教育的创新性与多样性发展及应用［J］. 黑龙江教育（理论与实践），2014（4）：14-16.

［42］蒋国勇，应小丽. 大学生社会责任感培养原则与实践［J］. 中国高教研究，2004（3）：76-77.

［43］邹伟，胡正平. 浅谈大学生社会实践的深化和完善［J］. 高等农业教育，2000（4）：83-86.

［44］郭珍磊，尹晓娟. 大禹精神融入大学生社会主义核心价值观培育研究［J］. 西昌学院学报（社会科学版），2018，30（1）：33-36.

［45］蒋晓东. 马克思实践概念诠释的多重维度：新世纪我国马克思哲学实践概念研究述评［J］. 湖南社会科学. 2014（6）：28-32.

［46］张良. 深度教学"深"在哪里？：从知识结构走向知识运用［J］. 课程·教材·教法，2019，39（7）：34-39，13.

［47］王军. 论作为专业教育的教师教育：内涵、特征与路径［J］. 教师教育研究，2019，31（4）：7-15.

［48］张诗雅. 致力于素养培育的深度学习：理念与模式［J］. 课程·教材·教法，2018，38（3）：68-73.

［49］郭华. 深度学习与课堂教学改进［J］. 基础教育课程，2019（Z1）：10-15.

［50］刘君玲，许爱红，王坦. 论"六步三段两分支"教学过程模型［J］. 四川师范大学学报（社会科学版），2015，42（6）：70-77.

［51］高绣叶. 从精英主义到大众主义：创新型人才培养的话语实践转向［J］. 当代教育科学，2019（10）：18-21.